天下文化

BELIEVE IN READING

教育教養 BEP035A

# 孩子的
# 簡單正念

# Mindful Games

Sharing Mindfulness and Meditation
with Children, Teens, and Families

**60** 個
靜心練習，陪孩子專注應對高壓世界

Susan Kaiser Greenland 葛凌蘭 著
廖建容 譯

獻給　賽斯、阿萊格拉和嘉比

# 推薦序一 靜下來，看更清楚，更懂愛

溫宗堃

小時候我們常聽老師在課堂上說「注意、注意」、「安靜、專心」。老師總希望學生在上課時能夠安靜、專注聽課。然而，回憶起來，我們從小到大似乎未曾學過「如何注意」、「如何安靜」。彷彿安靜、專心的能力，不需要人教，每個人天生都會。然而，事實並非如此。遺憾的是，關於讓心安靜、專注的教學，當代的學校教育實在缺席了很久。

被教育遺忘許久的專注力訓練、靜心練習，本該是學業教育以及品德教育最根本而重要的一環。三國時期的諸葛亮在《誡子書》便曾說：「夫君子之行，靜以修身，儉以養德。」「夫學須靜也，才須學也，非學無以廣才，非靜無以成學。」由此可見讓心安靜的能力，是修身、多學、廣才的根基。

近代著名教育心理學家威廉・詹姆士（William James）在《心理學原理》也曾說：「自願將散漫的注意力一次一次帶回來的能力，正是判斷力、人格與意志力的根源。一個人若沒有這項能力，他就不是自己的主人。能夠提升這項能力的教育就是卓越的教育。但是定義這個理想，比實際指導培養這能力相比，容易多了。」

注意力在哪裡，世界就在哪裡；一個無法控制注意力的人，可說不算是自己心的主人。威廉・詹姆士了解到注意力訓練是「卓越教育」的核心，然而他也因為找不到恰當方式來訓練人們，而有所感慨。幸運的是，這十多年來，源自二千多年前佛學修心傳統的「正念訓練」（mindfulness training）已捲起一股風潮，湧入西方國家，尤其英、美的主流社會階層。在新聞、媒體、電影中，也常見正念的蹤跡。時至今日，不含宗教儀式信仰的正念訓練，已成為心身醫學、心理學、管理學、運動學、教育學等學科研究與應用的重要領域之一。其中最令人高興的發展，莫過於教育界有志之士在正念訓練中，找到培養「判斷力、人格與意志力之根源」的方法。

本書作者多年來從事兒童正念訓練，巧妙運用遊戲與活動，引導兒童開展心智的多重能力。她歸納出基於正念訓練所培養出的六種能力：聚焦力、靜心力、洞察力、審視力、關懷力與連結力。雖然每一項正念練習或活動，都可能包括一至數種能力的培養，但是這幾個能力彼此間也有前後因果關係：當人學會運用注意力，不再陷入無益的思緒中，便能讓心專注、安靜下來；當心靜下來，較少情緒、思緒的影響，人便能將自身與外在事物觀察得更清楚明白；當人能夠了解自己，看清自己與他人的關係，便更能懂得去關懷他人，與他人連結。

此書的最大特色是猶如正念百寶箱，裝滿各式各樣正念練習與活動，可以讓人信手捻來，而且每一個練習都簡單易學，對兒童心智訓練極其有用。舉例而言，「身體搖擺」練習幫助小孩子轉移注意力，不陷入憂鬱的思緒。「神祕盒」練習讓兒童對人事物保持好奇探索的態度。「三件好事」練習，讓兒童學習在失望時，記得曾經的美好，不至絕望。如同作者所說，書中也有不少練習，即使大人做起來也會覺得有趣而印象深刻。我個人很喜歡也用來與大人分享的練習，包括「說哈囉」（學習與人連結）、「冰塊融化了」（學習與困難經驗共處）和「檸檬咬一口」（探索心對身的影響）。

在現今這個資訊爆炸、極易分心，人工智慧、大數據運算即將取代人類大腦的時代，我們需要思索，人類的什麼能力是科技無法取代的，什麼工作是科技無法代勞，而必須由人類去做的？答案也許正是自我探索、愛、關懷、與人連結。學校教育不應只是教導知識、思考與如何生存，還需要教導覺知、愛與如何生活。正念靜心訓練是我們的教育失落已久的一角，相信善用這本書，可以幫助兒童、學生乃至大人找回自己身而為人的內在寶藏。

（本文作者為台灣正念發展協會理事長）

# 推薦序一 有正念父母的孩子真幸運

陳德中

幾個月前我在天母的台北美國學校演講，對象為學生家長，主題就是正念。會後家長都覺得正念對他們自己十分有用，幾位旁聽的美籍老師，也與我分享正念在美國教育場域的應用，以及他們在班上實施後對孩子們的助益。

當時我就想，若有更多相關正念教養書籍，讓台灣的老師與家長們也能學習參考，那該有多好！如今非常開心《孩子的簡單正念》中譯本即將出版，相信對台灣的家長、老師，以及孩子，都是一大福音。書中的練習活動實用又有趣，完全針對孩童的特性設計，老師或家長若能依此帶領孩子，就能協助他們發展出專注力、靜心力、洞察力、審視力、關懷力，及連結力這六種重要的生活能力。

根據研究，即使是已發育成熟的成年人，正念靜心訓練也會對其大腦的重要部位產生正向影響，更何況是神經系統和大腦都還在發展的孩子。若您正在閱讀此書，看完後能將書中練習應用在孩子身上，那您的孩子或學生真是太幸運了。

最後小小提醒，「以身作則」永遠是最重要的，若家長或教育工作者經常心不在焉、情緒不穩定，要教出具專注力且EQ高的孩子，大概也不容易，尤其在家庭的場域中，父母的狀態對孩童的影響極為巨大。而本書的練習，不僅對孩子有益，成人也能從中得到教學相長的機會，進行自我反思，自己先培養正念後，再教給孩子。在此邀請所有讀者好好運用正念這個美好的禮物，不僅讓自己更健康、更喜悅、更成功，也讓我們的下一代更健康、更喜悅、更成功。衷心祝福大家。

（本文作者為台灣正念工坊執行長）

# 推薦序一 簡單卻又不簡單

林麗玲

這些年我在華人地區推廣正念親職教養系統（MBPS，Mindfulness-Based Parenting System）時，常有人問：MBPS裡的正念練習方式很像佛教或瑜伽，正念是佛教或禪修嗎？

這是很常見的困惑，其實正念亦有人稱作靜觀，指的是時時刻刻，保持好奇開放的心，覺察自己所思所想所感，以及周遭一切，並對覺察給予智慧和愛的回應。正念是將幾千年奧妙的佛教心理學、瑜伽等東方古老智慧，淡化宗教色彩後，融合西方科學技術，並在大量的腦神經科學、心理學等科學研究支持下，透過系統化與結構化的練習，協助人們提升身心健康、因應壓力、打開內在智慧。

而這源自東方卻由西方帶動的當代正念，以革命之姿進入西方主流社會，並掀起身心醫療、企業、各級學校等跨領域風起雲湧的學習風潮。現在，這陣風潮也吹回東方，在許多受過正念減壓、正念認知療法等專業培育的師資，以及傳統正念修習人士不遺餘力推動下，讓更多人受惠於正念的益處。而受益的對象，當然也包括孩子！

本書作者認為，正念是有系統的培養一套生活技能，透過靜觀（靜心）這種方法來鍛鍊心智，培養穩定、可靈活調控的注意力；探究內心與周遭發生的事；增進對自己、他人與世界的洞察；強化正向特質，如專注力、情緒平衡與慈悲心。愈來愈多科學證據顯示，正念對於青少年、學齡兒童，甚至幼兒，都相當有價值。我在正念兒少臨床工作與研究過程中，也證實正念確實能夠提昇孩子的注意力和覺察力，這種正念覺察是在有意識的、此時此刻的、不帶評斷的專注過程中產生，是學習任何知識的基礎，同時也會培育慈愛、同理心等利社會行為。

其實孩子天生就是處在正念中，幾乎時刻活在當下，而不是那麼關注過去和未來。我們要做的，就是不要扼殺這種與生俱來的開放性和關注當下的能力。

在實際引導孩子練習覺察呼吸時，我會告訴孩子：呼吸是我們一輩子的好朋友，很多時候我們會忘了它的存在，吸氣時知道自己在吸氣，吐氣時知道自己在吐氣，好好了解和關注這個朋友，會帶來很多意想不到的禮物。有些孩子在課程中練習覺察呼吸時發現：「緊張時，我發現我的呼吸好快。」「吸氣吐氣一陣子後，我覺得心比較安靜，不會亂亂的。」「吐氣長一點時，我發現心跳慢下來了，有放鬆的感覺。」

覺察呼吸簡單但又不簡單，簡單的是任何人都會，不簡單的是需要刻意專注練習；簡單的是呼吸就在當下發生，只要覺察它，就能進入正念之門，不簡單的是發現呼吸竟可調節情緒和身體緊張，並安定心神。當孩子親身體驗過後就會發現，在自己需要的時候，不用花錢也不用等別人給予，就可以透過呼吸安頓內在，感受豐富美好的自己，這也是本書作者想與大家分享的意義。

書中所有正念練習都像正念呼吸一樣，很平凡卻又很不平凡。每個看似小小的練習，都在增強孩子的心智肌肉。相信對想幫助孩子的家長、老師和各方人士，隨著書中分享的許多故事、當代及傳統正念大師話語、交感／副交感和迷走神經等身心腦科學知識，和各式相關研究言簡意賅的說明，便能了解靜心力、洞察力與審視力、聚焦力、關懷力、連結力與正念的關係。通過作者對每個活動清楚的說明背後設計意涵及如何進行，你可以和大朋友、小朋友一起體驗各式正念活動，相信絕對會有令人驚豔的收穫。

正念並不是用頭腦學習的，而是得親身實踐與不斷練習、練習、再練習！在我的臨床經驗中見證許多父母學習MBPS課程後，經過一段時間，發現自己不但改變了，也連帶影響夫妻關係和親子關係朝正向發展。在此也誠摯邀請大家，在教孩子之前，自己先好好練習。只有想，而沒有行動，是沒有力量的，讓我們一起身體力行正念，讓自己及更多人受益。

（本文作者為正念教養專家、兒少專業工作者、MBPS正念親職教養系統創建者）

# 推薦序一 玩出正念智慧

張世傑

提到「正念」，一般人會以為是正向思考，其實這個「正」念是指「正」處於什麼念頭的意思，就像是英文的現在進行式，指人對當下保持一種覺察的狀態。為了讓教育界更能了解正念其實沒有宗教色彩，我在推廣時特別強調一個名詞「當下智商PQ」（Presence Quotient），而且常常在正念之後加上「覺察」，提醒正念就是覺察當下的意思。

調查統計顯示，現在小孩的現況是「三不一少」：不想讀書、心情不好、品德不佳、缺少抗壓力，究其根源，是沒有得到足夠的愛，或沒能學到自我安頓情緒的能力。根據實證研究以及我個人多年的體驗發現，正念覺察是一種可以安頓與轉化情緒的能力，可幫人們找到自愛和愛人的力量，它是「非宗教性」又有科學實證研究的一種能力，可以幫小孩學習專心（IQ）、情緒穩定（EQ）、行為自律（MQ）、並增加突破逆境的能力（AQ），增進人際互動能力（NQ），以及促進健康（HQ）。學會正念覺察後，孩子能成為更健康幸福有能量的人，享受快樂的人生。

我在國小擔任代理教師期間，將正念覺察帶入班級經營，寫成書分享，並募資拍成一部正念覺察教育紀錄片「一起喝博覺乃察」，也在國內外各地演講。從二〇一四年起，每年辦理全國正念教育研習，上親子正念教育工作坊，發現傳揚這個比較「正經」的正念覺察，一定要「有趣好玩」，所以我用了各種多元活潑的方法教導。當我看到這本書透過遊戲練習學正念時，不禁拍案叫絕，覺得和我的理念不謀而合。因為好玩的事才會一直玩下去，然後不知不覺變成了我們生命的一部分。

這本書用了很多有趣的故事，將正念的精神娓娓道來，讓讀者很容易從故事裡明白正念的活在當下、不評價、開放、接納、不求完美、平衡、自由的人生態度等特質，還有不少專家對正念覺察的研究新知。書中還介紹好多小朋友喜歡的繪本，最重要的是用不同的遊戲來培養小孩的聚焦力、靜心力、洞察力、審視力、關懷力、連結力，並有詳細引導說明，兼具了可讀性和實用性，絕對是一本值得家長和教師收藏、研讀和實作的好書。

對長期推廣正念覺察的老師而言，也有不少啟發，我印象最深刻的，是拉拉鏈、吹蠟燭、時鐘滴答搖擺、蝴蝶身體掃瞄、神祕盒、傳送能量脈衝、有關感恩的練習等，十分讚嘆作者的創意發想力。看著書中豐富的教材和有趣的內容，心中有股莫名的喜悅，不知不覺就看完了。然後再看一次記下重點，馬上應用在我正帶領的正念親子工作坊活動中。這是正念老師良性的交流互長。如果本身在學正念的家長或老師，不知道如何將正念應用在小孩身上，那麼這本書會是最棒的教學手冊。

小孩仍屬於具體操作期，講太多的道理，不如講一些智慧的故事，和做實際的練習，更能體會正念精髓，這本書真的做到這個重點。書中種種對正念的體會練習，可幫小孩適應學習生活、調適情緒、克服困難、增加自律、促進健康。尤其大人的主動練習和帶領，更是正念教育可以成功的關鍵，這本書就是大人可以和小孩一起玩正念的最佳遊戲書。所有問題都發生在當下，只有在當下可以扭轉；教育之道無他，唯愛與覺察；正念覺察是您可以送給孩子最棒的生命禮物，而且這個禮物我們可以邊玩邊送。

（本文作者為正念覺察老師、實驗教育「博覺乃察學苑」創辦人）

# 各界讚譽

正如原文書名「正念遊戲」，本書以充滿藝術創造力與遊戲的方式帶領正念練習，透過聚焦力、靜心力、洞察力、審視力、關懷力與連結力等六種生活能力，可培育孩子的獨立自主性、慈悲智慧與創造力，值得所有家長老師帶孩子一起練習。

——李燕蕙，南華大學生死學系副教授、正念助人學會創會理事長

繁忙時才更要靜心。唯有先能「察覺」自己的內在感受，才能學會如何「同理」與「感恩」。就讓我們運用書中的小技巧，引導孩子先認識自己吧！

——廖笙光（光光老師），敦南兒童專注力中心技術長

「正念」核心概念就是「專注於當下」和「自我覺察」。透過練習正念，你可以幫助自己過上更快樂、更自在的人生。但就像騎單車、學畫畫一樣，正念思考是一項需要學習的技能。最好的消息是，這些技巧連孩子都能練得起來，而且愈早開始愈好。葛凌蘭用淺顯易懂的方式，一步步幫助孩子學會正念思考。

這本書，將是我們最有力的工具書。讓我們一起把正念變成一種全家實行的生活態度吧！

——劉軒，知名作家

透過精采、好玩且引人入勝的方式，將正念注入孩子的日常生活中。

——高曼，《EQ》作者

葛凌蘭提供一套有效的工具，運用有科學根據的方法，促進兒童與青少年的大腦與人際關係的發展，藉此強化他們的心智。

——席格博士，《不是孩子不乖，是父母不懂》、《青春，一場腦內風暴》作者對於周遭有小孩的人（也就是世上每個人）來說，本書提供了非常寶貴的參考資源。我個人極力推薦。

——葛斯汀，「內觀靜心協會」共同創辦人、《正念：覺醒的實用指引》作者

葛凌蘭結合自身對正念靜心練習的了解，以及對兒童發展與研究的廣泛認識，發展出書中的團體活動與遊戲，不但容易理解、能與孩子產生高度連結，也極富同理心、寬容心，而且又好玩。雖是寫給一般成人的教養書，但同樣適用於每一位想豐富身心的讀者。

——薩爾茲堡，「內觀靜心協會」共同創辦人、《靜心冥想的練習》作者

葛凌蘭以罕見的天分，捕捉到正念的精髓。

——普迪科姆，正念專注力專家、腦內空間創辦人

書中新穎的基礎練習，可幫父母師長教養出更好的孩子，以及找到最好的自己。

——舒亞·達斯喇嘛，當代禪修大師、《喚醒內在的佛陀》作者

## 目錄

# 前言　由內而外轉化孩子

靜心看起來很簡單。坐在坐墊上，什麼事也不做，有什麼難的呢？然而，當我初次學習靜心時，那種體驗令我想起俄羅斯套娃：打開一個娃娃，裡面又出現一個相同的娃娃，只不過小了一號；你不斷打開娃娃，裡面永遠有另一個更小的娃娃，如此不斷重複，直到最小的娃娃現身。

我覺得自己真正開始練習靜心之前，似乎必須先了解一層又一層的理論。朋友與同事向我推薦了幾本書，我發現要把各種方法與詞彙加以分類整理，真的好難，相關概念與技巧似乎永遠也學不完。但我堅持了下去，最後終於不再覺得那麼辛苦，我拿到了那個最小的俄羅斯娃娃。我寫這本書，正是為了幫助家長以更輕鬆的方式理解靜心的觀念，也希望我提供的方法夠簡單，能讓父母願意與孩子分享。

有愈來愈多科學研究證實禪修者數百年來早已明白的道理：正念靜心可有系統的培養一套生活技能，幫助孩童、青少年與家長以更多的智慧與慈悲心，與自己內在的感受和周遭發生的事產生共鳴。以下章節整理歸納出六種生活能力，分別是聚焦力、靜心力、洞察力、審視力、關懷力與連結力。我將這些技能以環狀排列，並把聚焦力放在中心，因為穩定、可靈活調控的注意力可以支持其餘五者。

當孩子聚焦於當下體驗（呼吸的感覺，或房裡的聲音），腦子也會跟著平靜下來，同時騰出一些空間，能更清楚看見發生了什麼事。當他們覺察自己大腦與身體的狀態後，就能在感官知覺（例如，「我覺得很煩躁」或「我的胃很不舒服」）的提示下，先停下來想一想，再開口說話或做出行動來回應。

透過停下來想一想的歷程，孩子就比較不會不假思索做出反應，也更能意識到自己內心與周遭發生了什麼事。他們會聚焦於運用智慧與慈悲回應當下狀況，而非擔心可能產生的後果。當孩子與青少年看清並洞察每個當下的各種關係、因果與狀況形成的網絡後，自然會激發關懷之心與連結能力，也就有機會重新審視自己看待事情的觀點，並能以關懷他人、連結世界為出發點，決定自己該說什麼話或採取什麼行動。這六種生活能力的架構，可使轉化的注意力（靜心力、聚焦力）引導出轉化的情緒（洞察力與審視力），再引導出轉化的言語、行動與關係（關懷力、連結力）。

以上進程源自傳統的靜心訓練。經過數千年來的累積，禪修者收集了一份詳盡的列表，勾勒出我們的內在與外在世界。我把列表簡化為兩個清單，透過遊戲、故事、

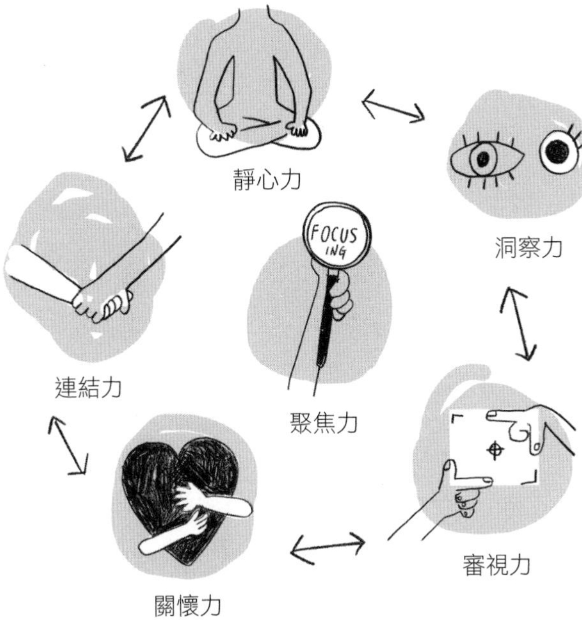
靜心力
洞察力
FOCUS ING
聚焦力
連結力
審視力
關懷力

引導式圖像與示範，介紹給孩子與家長。第一個清單正是由六大生活力組成的環狀架構。第二個清單則由普世認同的主題組成，深入練習這些主題所揭示的正面特質，有助於培育富含智慧與慈悲心的世界觀，包括：

| | |
|---|---|
| 接納 | 明辨力 |
| 開放的心 | 同理心 |
| 心懷感恩 | 凡事皆會改變 |
| 聚焦式注意力 | 互相依賴 |
| 廣泛式注意力 | 喜悅 |
| 同頻 | 心懷善意 |
| 行為約束力 | 動機 |
| 因果關係 | 耐心 |
| 保持思緒清晰 | 當下此刻 |
| 慈悲心 | 自我寬容 |
| 情緒約束力 | 有智慧的自信心 |

正念靜心隱含的特質相當神祕，若你以為簡化成一些清單，就能得其門而入，可能會完全錯失重點。讓我借助其他領域的創意密碼（例如爵士樂）來進一步說明。爵

士樂手藉由練習五度圈與音階，來提升只可意會、不可言傳的即興創作藝術特質。靜修者就和爵士樂手一樣，會研究一個主題與練習一套生活能力，以提升正念靜心隱含的難以言喻的特質。在這兩種創造性領域中，修習者一看見這些神祕特質立刻就能辨識出來，但並不是因為能用言語描述，而是因為能親身感受。

有句諺語說，智慧與慈悲心就像鳥兒的雙翼，我們需要同時具備兩者才能飛翔。透過正念靜心學到的主題概念，以及可實際運用的生活能力，有助於培養智慧與慈悲心。兩種特質通力合作，就可以創造相當程度的心理自由，幫助孩子與他們的家人度過人生困境，如同鳥兒在天空自由展翅翱翔。

正念遊戲最令我欣賞的一點是，家長與孩子能從中得到獨特的教學相長機會。許多家長反應，這些為孩子設計的活動，也幫助他們掌握了靜心的重點，而他們在過去總是不得其門而入。這引出了我想強調的重點：身為家長的我們，一言一行能否保持正念，會對周遭每個人產生巨大影響，尤其是我們的孩子。當我們展現平靜、泰然自若與喜悅時，孩子自然會注意到，並從我們的身教學習。我們的處世方式會直接影響到孩子是否擁有安全感，以及他們如何處世。因此，我非常鼓勵家長先對本書提出的主題進行自我省思，並練習其中的遊戲，自己先培養正念後，再教給孩子。

正念遊戲雖是為了孩子而設計，但對於家長或成人來說，這些遊戲同樣有趣，也同樣可以改變他們的人生。書中活動也適用於老師、治療師、祖父母、叔叔阿姨、童軍團長與營隊輔導員。

準備好要試試看了嗎？請放輕鬆，一起來體會腳下的感覺吧。

## 當孩子過度亢奮或難過時——「感覺我的腳」練習

留意腳踩在地上的感覺，可以幫助你放鬆、專心，覺知當下。

**生活能力：**聚焦力、關懷力

**適合年齡：**所有年齡

**練習步驟：**

1. 坐或站，背挺直，身體放鬆，雙腳踩地。自然呼吸，留意此刻身體的感覺，以及浮現腦海的念頭。

2. 身體放鬆。如果是站著，膝蓋微微彎曲。
3. 把注意力轉移到腳底下，留意腳踩在地上的感覺。讓腦海的思緒與情緒自然來去。
4. 覺察腳下的感覺，沒有也沒關係。思緒飄走很正常，只要讓注意力重新回到腳底就好。

**小提示：**

1. 當孩子過度亢奮或難過時，透過類似「感覺我的腳」活動，聚焦於感官知覺，有助於孩子平靜下來。
2. 平時可讓孩子多留意不同的感官知覺。例如，開門時，感覺門把在手掌中冰涼的感受；洗手時，手碰觸到的溫水與肥皂泡沫；或是穿襪子時，腳掌與腳踝感受到的柔軟羊毛觸感。
3. 孩子在過程中是否專心一致，比玩遊戲的時間長度更重要，尤其在一開始的時候。

PART 1

# 靜心力

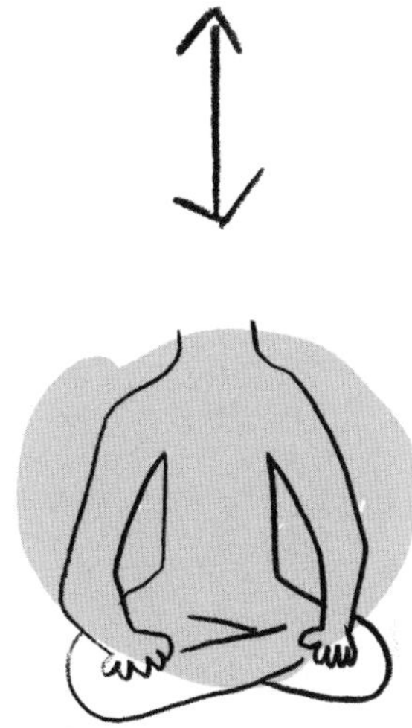

「金髮女孩與三隻熊」的故事總讓我想起美好的童年回憶，而我最近突然領悟到這故事與神經系統的關聯。

金髮小女孩葛蒂洛在森林裡發現一間小木屋。屋裡沒人在家，但她仍闖了進去。進屋之後，葛蒂洛環顧四周，發現這是三隻熊的家，裡面住了熊爸爸、熊媽媽和熊寶寶。她看見餐桌上有三碗粥。她肚子很餓，於是吃了一口熊媽媽碗裡的粥，但覺得「太燙了」！然後她吃了一口熊爸爸碗裡的粥，但覺得「太涼了」；最後她吃了一口熊寶寶碗裡的粥，覺得「剛剛好」。她狼吞虎嚥吃完整碗粥，然後走到客廳，看到了三張椅子。熊爸爸和熊媽媽的椅子太大了，熊寶寶的椅子她坐起來剛剛好。你大概知道接下來的故事發展：三隻熊回到家後，發現粥被人吃過了，有一張椅子壞了，而葛蒂洛在熊寶寶的床上睡著了。

我從這個故事得到的啟發是：葛蒂洛非常了解自己「容納之窗」（window of tolerance）的可接納範圍，這是席格（Daniel J. Siegel）博士在《人際關係與大腦的奧祕》（*The Developing Mind*）中率先提出的詞彙，指的是讓神經系統的喚起狀態，保持在孩童覺得舒適自在的程度。當孩子接受的刺激強度處在此範圍內，他們會繼續從事正在進行的活動，而且能對新觀念與情境做出靈活的反應；不會太過、也不會太少，而是剛剛好。

家長可透過葛蒂洛與她的神經系統和容納之窗，稍微了解家庭生活與人際互動關係。一般人的生活作息雖然與禪修者大不相同，但如今有愈來愈多孩童與家長開始接觸靜心冥想，想藉此管理壓力與複雜情緒。

與禪修者的清靜生活不同，現代人的日常作息會讓神經系統一直處在輕微程度的喚起狀態。神經心理學家韓森（Rick Hanson）在《像佛陀一樣快樂》（*Buddha's Brain*）中，把這種情況稱作「持續激化的生活」。對許多人而言，少許壓力可促使他們以更有效的方式思考與行動，神經系統處在這種輕微喚起程度是剛剛好的，正如熊寶寶的粥和椅子對葛蒂洛來說，不會太熱也不會太大。然而對某些孩子來說，輕微程度的喚起仍然超出容納之窗的可接納範圍，在此情況下，即使是輕度壓力，也會破壞神經功能的正常運作，而且一點也不剛好。這與個人偏好無關，而是反映出他們神經系統的運作狀況。即使是需要刺激才能提升效能的孩子，也會在情緒的觸發下，進入僵化且反射式的「戰或逃」求生模式。此外，當孩子感到疲倦、飢餓、身體不適、有壓力、害怕或難過時，容納之窗的可接納範圍也會縮小。

因此，教導孩子正念靜心的訣竅是，要隨時關注孩子的神經系統狀態。當孩童與青少年接受的刺激超出可承受範圍，就會進入比較沒有彈性、不假思索就反應的狀態，以致於難以接納新的觀念。有時候，孩子就是比平時更沒有多餘心力對更高層次、形成世界觀的主題進行反思，需要有人幫助他們容忍看似難以忍受的壓力與強烈情緒。

以正念為基礎的「靜心力」練習，可迅速讓洶湧澎湃的情緒緩和下來。當孩子培養出自信心，知道自己可以不被強烈的情緒主宰，即使強烈的情緒很嚇人，孩子仍能繼續深入探索。

第一章

# 有意識的呼吸

每當孩子告訴我不知該如何處理壓力與強烈情緒時，我會想到克里斯多夫羅賓給他的朋友小熊維尼的建議：「你比你所認定的更勇敢，比你表面上看起來更堅強，也比你所想的更聰明。」然而，不論你是否練習過正念靜心，被強烈情緒淹沒是人之常情。

孩子與青少年如果可以不再只想著令自己難過的事，而是用心體會自己當下的感受，就能幫助神經系統安定下來，大腦也會騰出一些空間，讓他們看見並了解是什麼原因導致內在的情緒起伏。

科學家開始慢慢了解，大腦如何幫助孩童與青少年調節情緒。

大腦的某些區域與害怕、焦慮和其他難以掌控的情緒有關聯，其他區域則能使孩子察覺到，自己對這些情緒會不假思索的做出反應，有時還能使孩子改變自己的情緒反應。

## 當情緒劫持孩子的大腦

孩子的反應有時是自然發生而且非常恰當的，例如，當他們從人行道走到馬路上，才發現一輛巴士正朝著自己開過來，恐懼會啟動壓力反應，使他們急忙躲開危險。然而，有時孩子的壓力反應既不恰當、也毫無助益。例如，當功課沒做完時，擔心與害怕的感覺會湧現，雖然會驅使孩子把功課做完，但假使他們一直想著沒有準時完成作業會怎麼樣，恐懼與擔心可能會引發更多想法，而這些想法則引發更強烈的情緒。於是情況愈演愈烈，孩子就被自己的想法與感覺牽著鼻子走。

孩子明白腦海中看似無止境的思考迴路，對自己一點幫助也沒有，卻自覺無力改變現況。這就稱為「情緒劫持」（emotional hijack），這是心理學家高曼（Daniel Goleman）在《EQ》（*Emotional Intelligence*）中提出的概念。「情緒劫持」一詞可以說明，當孩子過度亢奮或難過時，為何會難以冷靜思考。當孩子與青少年擁有穩定、可靈活調控的注意力，就會意識到自己在哪些時刻被想法與情緒主宰，進而避免情緒劫持的情況發生。由於孩童與青少年的認知控制能力尚未發展健全，因此比大人更容易受情緒劫持。孩子的身體透過各種內建機制來管理壓力，包括阻斷壓力荷爾蒙產生的化學斷路器，以及神經系統這個錯綜複雜的神經傳導網絡。當體內任何一個機制啟動，其他機制也會連帶受影響。以壓力管理、疼痛管理與平靜下來為目標的正念練習，通常會鼓勵孩子稍微聚焦於吐氣，透過簡單的轉移注意力訓練，就可緩和身心不適。

神經系統是一個複雜的細胞網絡，涵蓋了數十億個連結通路，把訊息從大腦與脊椎傳送到身體各個部分，反之亦然。神經系統可分為兩個部分：體神經系統與自律神經系統。體神經系統掌管自主動作，例如跳躍、行走、說話，以及反射動作與孩子察覺到的感受，例如疼痛與光線；自律神經系統掌管的功能大多不在我們的察覺之中，例如心跳、血壓與消化。

為了了解情緒劫持與靜心力的策略技巧如何操作，接下來要進一步檢視，當孩子面臨危機與處於平靜狀態時，神經系統是如何運作的。

遇到緊急情況時，自律神經系統的交感神經系統，會使孩子的身體做出戰鬥、逃跑或呆住的反應。而副交感神經系統在非緊急狀況下，會使孩子的身體放鬆休息，並進行消化作用。交感與副交感神經系統若能運作良好，身體就能保持在平衡狀態。情緒劫持則會干擾自律神經系統的正常運作，以正念為基礎的靜心力練習也會影響自律神經，但不會強化戰或逃反應，而是發揮鎮靜作用。

身體對壓力的反應很複雜，但在正常情況下，平衡的自律神經系統大多發揮休息與消化的作用，只觸發少許戰或逃反應，以保持日常警醒與活力。這可能與許多家長的認知相反，因為他們早已習慣充滿壓力的生活，以及腎上腺素激發的戰或逃反應，以為這才是生活的常態。

## 短短的吸氣，長長的吐氣，調整心跳

自律神經系統的功能幾乎完全不受意識控制，唯有呼吸是孩童與青少年可以稍加控制的。當孩子吐氣時，大腦會透過又長又複雜的迷走神經（一條從頭部縱貫胸腔、進入腹部的神經）傳送信號，讓心跳變慢；當孩子吸氣時，傳送信號會減弱，心跳就會加速。科學家把迷走神經稱作人體最重要的神經，正是因為它能支持情緒調節、自我安撫和社交參與的功能。

早在科學家了解以上關連之前，禪修者與瑜伽修行者就懂得透過呼吸，來調節自律神經系統。他們會輕鬆的把注意力聚焦於吸氣，以提振能量與警醒度（喚醒戰或逃反應），或是聚焦於吐氣，以尋求放鬆與鎮靜（發揮休息與消化作用）效果。參與正念課程的孩童也注意到此關連性。哈莉斯（Annaka Harris）是在學校教授正念靜心的先驅之一，加州托盧卡湖小學（Toluca Lake Elementary School）一名八歲學童，短暫練習過哈莉斯設計的正念呼吸技巧之後說：「我注意到當我吸氣時，我的心跳變快了，當我吐氣時，我的心跳變慢了。」

許多孩子都覺得以下強調吐氣的練習具有鎮靜效果。

## 當孩子焦慮不安——「有意識的吐氣」練習

聚焦於又慢又長的吐氣，可產生放鬆效果，也能平復情緒。

**生活能力：**聚焦力、靜心力

**適合年齡：**所有年齡

**練習步驟：**

1. 身體坐直並放鬆，雙手輕輕放在膝蓋上。按照帶領者的數數，自然呼吸（大聲數數，配合孩子的自然呼吸節奏，調整你數數的速度）。
2. 吸氣時，從一數到二，吐氣時，從一數到四。當孩子拉長吐氣的時間，帶領者要隨著孩子的呼吸節奏，適時調整數數的速度（吸氣與吐氣之間會有短暫的停頓）。持續進行幾次吸氣與吐氣。
3. 回復自然的呼吸。

**小提示：**

1. 稍微改變練習方式，請孩子長長的吸一口氣，幫助自己提高警醒度。同樣的練習步驟，但把吸氣時間拉長（吸氣時從一數到四，吐氣時從一數到二）。
2. 利用孩子的空檔時間練習，例如吃晚餐或是等車時。一旦明白拉長吐氣能讓自己冷靜下來，孩子就可以利用吐氣讓思緒與身體恢復平靜。同樣的道理，也可以拉長吸氣，使自己更有精神。
3. 本練習最好一對一進行，盡量不要以團體進行。

當孩童或青少年感到焦慮或心情沮喪時，鼓勵他們「短短的吸氣，長長的吐氣」，並在吐氣時輕輕發出嘶嘶聲。

若孩子正在啜泣，而且上氣不接下氣時，請他伸出食指，假裝是一支蠟燭。請他用鼻子吸氣，「好像在聞花的香味」，然後用嘴巴吐氣，「好像在吹蠟燭」。請他輕輕的、慢慢的吹蠟燭，讓想像中的燭火隨風搖曳，而不被吹熄。用這種方式呼吸幾次或幾分鐘，幫助自己回復正常。

當孩子練習正念靜心時，不論他們的姿勢是坐著、站著或躺著都沒關係，重要的是要讓他們的脊椎拉直，肌肉放鬆。下面的遊戲可以讓孩子透過一連串的動作，讓自己坐直或站直。

「拉拉鍊」與本書其他幾個肢體活動，是受到《舞蹈對話》（*The Dancing Dialogue*）的作者兼舞蹈動作治療師托特拉（Suzi Tortora）博士的啟發，她也是我的朋友與工作夥伴。對於年紀較大的孩子與青少年，我會請他們把背挺直，坐或站，並放鬆全身肌肉。

## 當孩子身體緊繃——「拉拉鍊」練習

想像身體中央有一條拉鍊，可以幫助我們把背挺直，放鬆肌肉。

**生活能力：**聚焦力

**適合年齡：**年幼的孩子

**練習步驟：**

1. 假裝身體中央有一條長長的拉鍊，從肚臍延伸到下巴的位置，可以幫助我們坐直或站直。
2. 把一隻手放在肚臍前方，另一隻手放在背後下方，兩隻手都不要碰到身體（由你做示範）。
3. 把拉鍊拉起來（由你做示範，雙手向上移動，越過下巴與頭部，最後雙手高舉在空中）。
4. 拉好拉鍊後，帶孩子用挺直的身體，一起呼吸幾次。

**小提示：**

1. 你也可以在結束時，和孩子動一動舉在空中的手指，做出無聲的歡呼。
2. 可加入類似兒歌「頭兒、肩膀、膝、腳趾」的動作。請孩子看著你，跟著你做動作。不要說話，只要看和聽，以及模仿動作。坐直或站直，一句話都不要說。用雙手觸摸你的頭，然後是鼻子、肩膀、肚子、膝蓋和腳趾。若想讓遊戲更刺激，可以變換觸摸順序，並加快速度。在大動作、小動作，以及快與慢之間不斷變換，可讓孩子練習專心與自我控制。

當孩子坐直或站直，肌肉也放鬆了，就準備好要玩正念遊戲了。

下面的遊戲有助於年幼的孩子覺察，不同的呼吸方式能改變內心與身體的感覺。

以下練習需要為每個孩子和你自己準備一個玩具風車。

## 當孩子情緒混亂——「風車呼吸法」練習

透過對著風車吹氣，來發現不同的呼吸方式（快、慢、深、淺）如何影響我們身體與心裡的感覺。

**生活能力：**聚焦力、洞察力

**適合年齡：**年幼的孩子

**練習步驟：**

1. 背挺直坐著，身體放鬆。拿起風車。
2. 一起對著風車，吹一口又長又深的氣，並留意自己的感覺。（表達重點：你的身體覺得平靜和放鬆嗎？深呼吸之後，要把身體坐直變得比較容易、還是變難了？）
3. 接著用又短又急的呼吸來吹風車。（表達重點：身體有什麼感覺？很急的呼吸之後的感覺，和慢慢的呼吸之後的感覺一樣嗎？）
4. 最後用正常的呼吸來吹風車。（表達重點：把注意力放在呼吸上很容易嗎？

還是你會分心？）

**小提示：**

1. 與孩子討論不同的呼吸方式：還想得到深呼吸在日常生活中對你產生幫助的例子嗎（例如，當你難過時，能讓心情平靜下來，或是幫助你專心）？急促的呼吸又對你產生什麼幫助呢（例如，當你覺得很累，希望更有精神時）？
2. 帶領一個以上的孩子時，在表達重點前，請他們先把風車放下。

孩子在下一章要學習的靜心力技巧是「為注意力鎖定新目標」，也就是不再想著令自己難過的事物，而是把注意力放在當下，像是某種感官知覺（聽見、看見、嚐到、摸到或聞到的東西）、某個數字（數息）或是某個任務。聚焦於感官知覺而非思緒，可以得到類似擠壓壓力球或按壓忘憂石的效果。許多孩子發現這些靜心力工具有鎮靜效果，可能代表神經系統的戰或逃反應減少了，而休息與消化的反應提高了。

# 第二章

# 為注意力鎖定新目標

大人常鼓勵孩子思考自己面臨的問題，以解決問題。然而，孩子壓力大與焦慮不安時，為發生的事情擔心與反覆思索，只會使身體壓力反應加劇。

要幫助孩子在壓力反應過度升高時踩剎車，祕訣在於，讓孩子學習留意身體發出的信號，覺察焦慮的思緒與感覺正開始主宰自己。一旦覺察到這點，就能提醒自己放鬆，並輕鬆的聚焦於某個單純的中性目標，藉此鎖定注意力。

我們最常用的專注目標是呼吸，因為呼吸永遠與我們同在。當孩子把一隻手放在胸口，感覺胸部隨著呼吸上下起伏，這個動作尤其具有鎮定與自我安撫的效果。這個做法源自心理學家葛莫（Christopher K. Germer）與聶夫（Kristin Neff）發展的「正念自我寬容」（Mindful Self-Compassion）課程。葛莫在《通往自我寬容的正念之路》（*The*

*Mindful Path to Self-Compassion*）中說明，為何鎖定注意力很重要，尤其在管理強烈情緒時特別好用：「我們內心感受到的痛苦，大多來自思緒的飄忽不定（這會令人筋疲力竭），或源自我們總是陷入不快樂的想法與感覺。當發現自己有這種狀況時，就需要讓注意力鎖定一個目標——中性且不會變動的標的物。」

## 一動一靜，找回專注力

人們常把靜心與安靜坐好聯想在一起，但是要孩童與青少年保持靜止不動可能有困難，尤其當他們感覺到壓力與焦慮，或是心思忙碌的時候。因此，讓孩子走動、伸展與搖擺身體的正念練習，往往可以發揮驚人效果。

動態的練習活動除了好玩之外，還能讓孩子發現身心感受在活動前後的巨大差別。萊文（**Peter Levine**）博士在《讓孩子遠離創傷》（*Trauma-Proofing Your Kids*）中解釋說，經過設計的肢體活動可有效釋放過多能量，尤其「在興奮又激烈的活動時間中，穿插等量的休息時間，讓孩子有充足的時間回復平靜。過多的能量會在一動一靜之間自然而然發洩完畢」。接下來的練習正同時涵蓋了興奮與平靜的元素。許多孩子反應說，當他們覺得太激動或太難過時，「身體搖擺」練習可以幫助他們回復平靜。

感官知覺的強度不一，就像光譜一樣，一端最強，另一端最弱。最強烈的感官知覺稱作「粗重」，最細緻的感官知覺稱作「細微」。比起細微的感官知覺，孩子更容易聚焦於粗重的感官知覺，「身體搖擺」練習中的快速動作，是粗重知覺標的物的一個例子。聚焦於粗重感官知覺是靜下來的好方法，因為粗重知覺標的物比細微感官知覺更能抓住孩子的注意力，忘卻原本一直占據腦海的念頭與感覺。在第三部的聚焦力練習中，孩子會仔細留意自己在身心平靜時的細微感官知覺，藉此進一步精進與培養掌控注意力的技能。

## 當孩子擔心過頭、壓力大——「身體搖擺」練習

跟隨鼓聲一起搖擺身體，可以幫助孩子釋放能量與重新聚焦。

**生活能力：**聚焦力、靜心力

**適合年齡：**所有年齡

**練習步驟：**

1. 假裝腳底下有神奇膠水，把我們的腳黏在地上（用動作示範，假裝把膠水塗在一隻腳底，然後把腳重重踩在地上，另一隻腳也照做。孩子會跟著你做同樣的動作）。
2. 你能擺動膝蓋，同時保持腳底一動也不動嗎？（用動作示範，擺動你的膝蓋，同時保持腳底一動也不動，彷彿腳底被黏在地板上）
3. 隨著鼓聲擺動身體，讓腳底保持不動。聽到比較大聲的鼓聲時，就做出比較大的動作（大力擊鼓。一邊大幅度擺動身體做示範，一邊擊鼓）。
4. 聽到比較小聲的鼓聲，就做出比較小的動作（小力擊鼓。一邊小幅度擺動身體做示範，一邊擊鼓）。
5. 聽到很快的鼓聲時，該怎麼辦？（快速擊鼓。孩子會回答「動作變快」）
6. 聽到很慢的鼓聲時，該怎麼辦？（慢速擊鼓。孩子會回答「動作變慢」）
7. 當鼓聲停下來，身體就不要動（讓鼓聲在快、慢、大聲、小聲之間不斷變換。當鼓聲停止時，孩子就會停止動作）。
8. 放鬆，喘口氣，再玩一次（當孩子獲得充分休息後，再進行一次活動）。

**小提示：**

1. 如果沒有鼓，可以拍打大腿，做出類似鼓聲的效果。
2. 在長時間安靜坐著之後，用搖擺打破靜止狀態。
3. 讓孩子輪流帶領活動。
4. 這個遊戲可以坐著玩（坐在座位上或是圍坐在地板上）或站著玩。
5. 不方便擺動身體時，可輕輕左右搖晃身體，或是抱緊枕頭，這些感官知覺標的物可有效幫助孩子平靜下來。
6. 孩子與家長為了鎮靜與自我安撫，常用的其他知覺動作還有前後搖擺身體、握住雙手、擁抱與唱歌。

在溫和的活動中穿插休息時間以釋放多餘能量，不只可幫助孩子，也可幫助所有人讓神經系統平靜下來。《醒了就好》（*Open Heart, Open Mind*）作者措尼仁波切（Tsokyni Rinpoche）是一位非常了解現代人心靈的藏傳佛教上師，他在教導成人禪修時，也提到這個基本觀念（「仁波切」是藏文對佛法大成就者的尊稱）。

我第一次上措尼仁波切為期一週的僻靜課時，他一開始就帶領以動作為基礎的練習，幫助我們把身體與感覺鬆開。他讓我們坐著，背挺直，身體放鬆，然後要我們把雙手舉到與肩膀同高，並甩動雙臂。在他的口令下，我們用力吐氣並放下雙臂，雙手放膝上，不試圖控制思緒與情緒。

仁波切讓我們重複以上練習幾次，要我們再次甩動雙臂，突然放下，然後休息。他在《獅子吼》（*Lion's Roar*）中的一篇文章解釋道：「不論發生什麼事，不論你的雙臂放下後落在哪個位置，都沒關係。不要做任何事或試圖阻止任何事發生。只要休息就好。你不需要尋找任何新東西，或試圖得到某個特別的洞見，或達到某種境界。只要去感受心中升起的感覺與感官知覺，並輕輕覺察。自然且溫柔的去感覺，不要試著改變任何事。令你不舒服的感覺湧現時，只要放鬆並給予信任，不要分析或試著理解。」根據我們對神經系統的了解，仁波切教導的練習可發揮鎮靜作用。整個練習包含了短暫的動態時間，短暫的平靜時間，以及強調吐氣，三個方法一同運作，可釋放多餘能量並啟動休息與消化的自律神經反應。

仁波切教導我們要接納所有感覺，不論好壞都任它存在，也不去分析或試圖理解。這是另一個以正念為基礎的自我調適方法，幫助我們在壓力反應過度強烈時踩剎車。年幼的孩子還沒有能力克制自己不去理會思緒與感覺，但年紀較大的孩子與青少年可以試著這麼做，雖然他們有時會覺得這違反直覺。

下一個遊戲利用亮片球（如果沒有亮片球，就用玻璃雪球，或是在一杯水中丟進一撮小蘇打粉也行）幫助孩子進一步了解，如何減緩強烈的壓力反應。練習運用兩步驟方法：輕鬆的聚焦於一個單純的中性目標，然後不去理會腦中混亂的思緒與感覺。

亮片球裡的亮片代表壓力與強烈的情緒。當你搖動亮片球時，裡面的亮片會旋轉飛舞，使球裡的水變得混濁不清。當你把球放著，球裡的水就會慢慢變清澈。這個視覺實驗相當於從平靜的感受與清晰的思緒，轉變為承受巨大壓力以及被情緒淹沒，然後又回歸平靜的心境，可幫助孩子把亮片球裡發生的情況，與自己的身心活動連結起來。

## 不去理會腦中紛亂思緒——「搖動的亮片球、靜止的亮片球」練習

透過搖動亮片球，來了解腦中活動與體內發生的活動之間的連結。

**生活能力：**聚焦力、洞察力

**適合年齡：**所有年齡

**練習步驟：**

1.（表達重點：當你覺得有壓力時，能清楚說出身體的感覺嗎？能說明腦子裡的想法嗎？能清晰的思考嗎？）
2. 當亮片球靜止時，你的視線能穿過球裡的水，看見對面嗎？
3. 假如搖動這顆球，會發生什麼事？你看得清楚球的另一側嗎？（搖一搖亮片球。球裡的亮片會開始旋轉飛舞，球裡的水會變得混濁不清）
4. 把手放在肚子上，感受你的呼吸（把球放下，亮片開始慢慢沉澱）。
5. 你能看清球的另一側嗎？
6. 亮片不見了嗎？並沒有，亮片仍然在。我們的思緒就像這些亮片一樣，讓腦袋忙個不停，使我們無法清晰思考。但假如去感受自己的呼吸，同時不理會紛亂的思緒，腦袋就會靜下來，也就能清晰的思考了。
7. 我們再試一次（重複剛才的示範）。

**小提示：**

1. 最好在遊戲開始之前，先讓孩子進行短暫的動態肢體活動，孩子才能在過程中感受到自己的心平靜下來。如果孩子本來就很專心、平靜與放鬆，那麼很可能在示範後也感覺不出任何差別。
2. 靜心不代表要把腦袋放空或淨空，但有些孩子卻這麼認為。有些孩子也認為靜心時產生任何思緒是「不好的」。如果你告訴他們，思緒與情緒很美，就像在球裡旋轉飛舞的亮片，他們就能明白，就算是美好的思緒也可能令他們分心。
3. 一旦年幼的孩子聽懂這個比喻後，你可以用「試試看讓亮片靜靜落下」提醒他，當他覺得太激動或太難過時，把注意力集中在呼吸上。
4. 向孩子指出，靜心無法消除日常生活中的壓力，如同亮片只是沉到球的底部，並沒有消失。靜心練習雖然無法完全消除壓力，但可以幫助我們管理壓力，讓自己放鬆，同時讓腦袋安靜下來，就能清楚看見自己的內心與周遭發生了什麼事。

還有一種情況是，如果孩子不相信他們的想法與感覺之間有所連結，靜心力的練習就無法順利發揮作用。下一個練習正可透過想像自己咬一口檸檬，讓心存懷疑的人親身體驗身心連結。光是想像自己正在咬一顆檸檬，通常就足以讓孩子噘嘴或流口水，即使他們沒有看到任何一個檸檬。

## 當孩子無法理解身心連結——「檸檬咬一口」練習

想像自己正在咬一顆檸檬，可幫助孩子了解腦中想法和身體感覺之間的連結。

**生活能力：**聚焦力、洞察力

**適合年齡：**年紀較大的孩子、青少年

**練習步驟：**

1.（表達重點：你的想法能改變身體的感覺嗎？身體的感覺能改變你的想法嗎？你的心情能改變身體的感覺嗎？身體的感覺能改變你的心情嗎？）

2. 雙手放膝上，坐著，背挺直，身體放鬆，閉上眼睛。
3. 想像你坐在餐桌旁，面前有一顆檸檬。想像自己拿起這顆檸檬，摸起來濕濕的、冰冰的。想像自己把檸檬切成兩半，你拿起其中一半，聞一聞檸檬的香氣，然後咬一口，嘴裡有什麼感覺？
4. （表達重點：當你想像自己咬檸檬時，你的身體反應是否和你實際咬一口檸檬的反應相同？這是身心連結的實例嗎？你能想出其他身心連結的例子嗎？）

**小提示：**

1. 當孩子明白你所謂的身心連結是什麼意思，就會開始思索自己生活中身心連結的例子。請他們與你分享想到的實例。
2. 當你帶領一個以上的孩子時，可運用稍後提到的「動動小指頭」遊戲，幫助他們了解，其他人對壓力的反應通常和自己差不多。
3. 孩子聆聽你的視覺引導時，往往會試著分析視覺意象，而非依循你的指引。當孩子的頭腦開始分析時，注意力就離開了當下，以致於沒有產生身體反應。這個情況經過練習通常就會改善。因此，假如你第一次帶孩子想像咬一口檸檬，他們的身體卻沒有產生反應，可以改天再試。

「搖動的亮片球、靜止的亮片球」與「檸檬咬一口」兩個活動，可以打下親子對話的認知基礎，幫助父母針對神經緊繃與心理壓力，以及如何緩和壓力造成的負面效果，與孩子進行對話。

當我請孩子與青少年舉例說明，他們的想法如何影響身體的感覺，我常聽到的例子是，當他們焦慮時，就會胃痛，或是為某些事擔心或過度亢奮時，會睡不著覺。我會與孩子分享我的個人經驗，當他們知道並非只有自己有這種情況，就會比較安心。

當你與孩子分享身心連結的例子時，不要忘了提到讓你感到比較好過的想法與情緒。這可以為本書稍後提及的善意視覺想像練習鋪路，幫助你與孩子進行類似的討論。

PART 2

# 洞察力
&
# 審視力

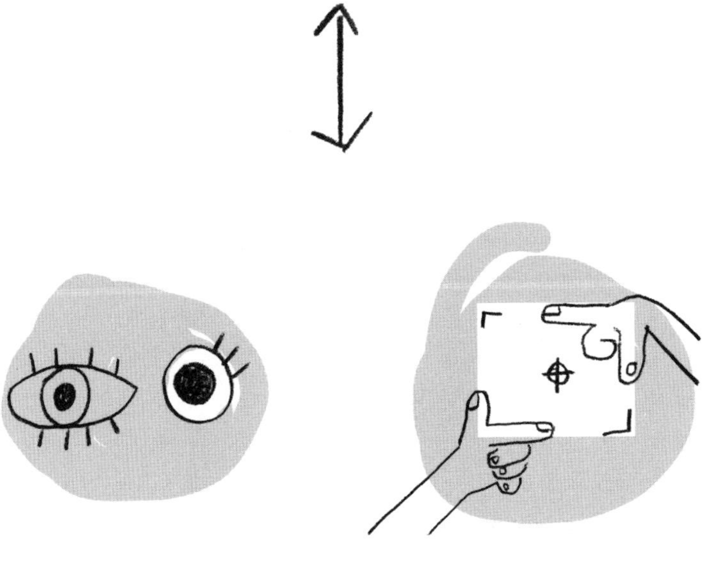

兩隻小魚在水裡游著，遇到一隻老魚迎面游來。老魚向他們點個頭說：「小朋友早，水怎麼樣啊？」兩隻小魚向前游了一會兒，其中一隻終於忍不住轉頭問同伴：「水是什麼鬼東西啊？」

作家華勒斯（David Foster Wallace）向凱尼恩學院（Kenyon College）二〇〇五年畢業班學生演講時，以魚與水的故事開場。故事的重點在於，最顯而易見與最基本的人生真相，往往最難以看見與談論。當我在加州大學洛杉磯分校學前教育中心進行專題研究時，我在幼兒班教室白板上看到了「氛圍」（atmosphere）這個詞，令我想起華勒斯所說的魚的故事。我問執行董事麥當諾（Gay MacDonald），「氛圍」這個詞會不會超出四歲孩童的理解範圍。她提醒我，只要用適當的脈絡引導，小小孩也能學習艱澀的詞彙。

靜心冥想訓練的抽象概念，同樣能以淺顯易懂的方式解釋給孩子聽，或是以遊戲的方式教給孩子，即使這些概念遠超出他們的認知發展範圍。如同上述故事中的小魚不知道水是什麼，仍然在水裡游得很開心，即使孩子的大腦還無法理解智慧與慈悲心是什麼，也能輕鬆自然的體現這些特質。正如許多修習靜心多年的人會謙虛的說，有些可貴的人類特質超出了我們的理解範圍。

靜心與園藝有些共通之處，其中之一是準備工作。園藝新手最常犯的錯誤是，還沒整土就播種。如同園丁在播種之前，需要不斷移除花床裡的石塊，我們也需要持續投入心力，挖除導致人們受苦的想法與行為模式。若要改變舊有的模式與行為，需要先扭轉世界觀，投注更多心力，這往往是條坎坷的漫漫長路。不過也不需感到灰心，只要記得，比起像園丁用鋤頭費力移除土裡石塊，內在的功課要靠溫柔的手法與幽默感來處理，效果更好。

第三章

# 保持開放的心

我已成年的兒子告訴我，以下故事到現在仍一直提醒他，我們永遠無法確知接下來會發生什麼事。

一對父子早上起床後，發現家裡的馬跑掉了。消息很快傳了出去，鄰居太太得知這件事，感嘆道：「運氣真不好！」農夫回答說：「再看看吧。」

不久後，他們家的馬帶了一匹駿馬回來，鄰居讚嘆：「太好了！」而農夫說：「再看看吧。」

農夫的兒子騎上駿馬，但這匹馬猛然躍起，農夫的兒子雖然想控制牠，但仍摔到地上，跌斷了腿。鄰居驚呼：「太可怕了！」農夫維持一貫反應：「再看看吧。」

當戰爭發生時，村裡的年輕男子都被徵召入伍，農夫的兒子因為腿斷了，所以無法從軍。鄰居向農夫表達慶幸之意，農夫聳聳肩並說：「再看看吧。」

## 坦然接受未知

透過正念靜心，孩子與父母會變得更能接納生命的複雜性與不確定性，就像故事中的農夫一樣。許多人理解這點後，都鬆了一口氣。

葛斯汀（Joseph Goldstein）是美國推廣禪修的先驅，也是內觀禪修會（Insight Meditation Society）共同創辦人。有一次他在洛杉磯演講，提到自己曾試圖釐清兩個禪修學派的不一致之處。葛斯汀對擠滿會場的聽眾說，不知道如何判斷哪個觀點才是正確的，曾令他苦惱不已，直到他意識到，這只代表兩個學派觀點不同，無關對錯。他說：「這讓我如釋重負。」

七年後，葛斯汀在美國公共電視台的網站上發表一篇文章，進一步說明，「不知道」帶給他的輕鬆自在：

我們知道的不多，而不知道的事遠比知道的多更多。當放下對觀點的執著、對意見的執著，尤其是放下不知道的事，會讓人如釋重負。一句新的格言浮現我腦海：「誰知道呢？」這種「不知道」不是困惑，也不是搞不清狀況，而像是一股清新的空氣與敞開的胸懷。「不知道」就只是對於我們還沒有找到答案的有趣問題，保持開放的心胸，如此而已。

當年紀較大的孩子（尤其青少年）能對「自己不知道所有答案」的事實感到自在，與「不知道」有關的負面意涵，就不再那麼困擾他們了。當他們不再急於立刻得到答案，就比較能對所有事從容做出回應，接納其他觀點，並對於尚未發生的事感到好奇。家長也是如此。

麥菈・卡巴金（Myla Kabat-Zinn）與丈夫喬・卡巴金（Jon Kabat-Zinn）在他們的教養書《正念父母心，享受每天的幸福》（*Everyday Blessings*）中，談到了保持開放心胸的好處。喬・卡巴金是正念運動的倡導者，他在麻州大學醫學院開設正念減壓課程，並出版許多探討正念的著作。卡巴金夫婦寫道：

正念教養就是，當我們與孩子一同從事日常活動時，父母要隨時意識到什麼才是最重要的事。很多時候要提醒自己留意，甚至承認自己暫時還不知道最重要的事是什麼，因為我們很容易就遺漏了人生的脈絡、意義與方向等重要環節。大多時候（即使難免不知所措）我們要刻意往後退一步，重新開始，並問自己「現在真正重要的是什麼」？彷彿是第一次思考這個問題一樣。

每個經驗都是獨一無二的，每個當下都是由無限多的因果關係與條件所形成。即使孩子已經盡力試著從每個角度來檢視某個經驗，也無法涵蓋所有觀點。

西藏精神領袖達賴喇嘛在《超越生命的幸福之道》（*Beyond Religion*）指出，不論我們多麼努力，永遠無法看清事情的全貌。為了理解他的意思，請花點時間思考，此時此刻是由什麼樣的因果關係與條件所形成。如果你的父母不曾相遇，你就不會出生；如果你的祖父母與外祖父母沒有相遇，你的父母就不會來到這世上，你同樣也不會出生。一連串因果關係形成的無數連結，使一代又一代的祖先相遇與結婚生子，最後才有你的存在，並在此刻閱讀這本書。你可能和我沒有血緣關係，我來自與你截然不同的因果關係與條件所形成的家譜系，但假如我的任何一位祖先不曾出生、戀愛與生子，我就不會存在，而你也讀不到這本書。不論我們此刻的相遇是基於天意、機運或是介於兩者之間的因素，這個星球與世上所有的一切，永遠是個不斷改變、互相依賴且神祕難解的謎題。

關於這點，達賴喇嘛提供了一些令人寬慰的答案：

不論多麼努力，人類的洞察永遠不夠周全。除非我們像佛陀或神一樣，擁有靈視或全知能力，否則永遠無法看見事情的全貌，也永遠無法得知導致任何一個情況發生的所有因素。我們也無法預見自己的行為可能導致的所有結果。不確定的元素永遠存在。承認這點非常重要，但我們不該因此心生憂慮，更不該對理性評估的價值喪失信心。相反的，我們該為此將謙遜與謹慎融入行動中。有時承認自己沒有答案，就已足夠。

即使年幼的孩子還沒有能力理解，導致每個當下的因果關係與條件的錯綜複雜網絡，但只要他們能接受自己不需要知道每個問題的答案，就能在面對不確定性時，不再感到不安。

在哈莉斯與插畫家羅維（John Rowe）合著的繪本《我想知道》（*I Wonder*）中，主角伊娃和媽媽走在沐浴在月光下的森林裡。伊娃的媽媽問了一個問題，伊娃似乎因為不知道答案而不知所措。媽媽接著安慰伊娃，「你可以說『我不知道』，沒有關係。」畢竟，父母也不知道所有問題的答案。

「我不知道」這句話給了伊娃信心，開啟了她自由奔放的創造力，於是開始提出一個又一個問題：「是什麼使月亮和地球永遠在一起？」「它們是朋友嗎？」「蝴蝶飛來看我之前，牠在哪裡？」伊娃不再因為不確定性而不安，反而由於可以和媽媽一同探索生命的種種奧祕，感到雀躍不已。

在下一個遊戲中，我們讓年幼的孩子猜猜神祕盒裡有什麼。我們可透過神祕盒與孩子一起討論，開始一項新的任務、不知道問題的答案，以及不知道接下來會發生什麼事，是什麼感覺。

給孩子猜之前，先把一個好玩的物品放進神祕盒裡，然後把盒子蓋起來，放在孩子面前。

## 讓孩子坦然說出「我不知道」——「神祕盒」練習

猜猜神祕盒裡有什麼時，可以發現，當別人問我們一個問題、卻不知道答案時，心裡有什麼感覺。

**生活能力：**洞察力、審視力

**適合年齡：**年幼的孩子

**練習步驟：**

1. 猜猜看，神祕盒裡有什麼。聆聽孩子的各種猜測。
2. （表達重點：不知道盒子裡有什麼的感覺，是興奮？沮喪？還有呢？）
3. 拿起盒子感覺一下，看一看，搖一搖，但不要打開。還有其他答案嗎？傾聽孩子的答案。
4. 把盒子打開，看看裡面是什麼。
5. （表達重點：當你不知道接下來會發生什麼事，是什麼感覺？你喜歡嘗試新事物嗎？還是不喜歡？當你發現答案跟你的猜測不一樣，是什麼感覺？當你必須等待，又是什麼感覺？）

**小提示：**

1. 盒子裡可以放：迴紋針、花朵、氣球、樂高積木，或是橡皮擦。
2. 如果對象是非常年幼的孩子，可給孩子一些例子做為提示，再讓他猜猜盒子裡有什麼。
3. 讓孩子輪流挑東西放進盒子裡，給其他人猜。

「看清全貌」遊戲可提醒年紀較大的孩子與青少年，在做出結論之前先研究，衡量自己所知道的資訊，但有時仍可能沒有充足的資訊正確回答問題。先讓孩子看一張瞎子摸象圖，再開始練習。

## 放眼大局，不再糾結小事——「看清全貌」練習

想像一下，當你閉上眼睛，觸摸某個物品的某個部分，猜猜那是什麼，有什麼感覺？你會發現，我們的想法取決於有限的資訊。

**生活能力：**洞察力、審視力

**適合年齡：**所有年齡

**練習步驟：**

1. 閉上眼睛，假裝自己正在觸摸大象的身體，猜猜摸的是什麼部位，你能說出正確答案嗎？
   - 假如你只摸到大象的鼻子，你會覺得那是什麼？
     暗示：大象的鼻子又長又圓，就像蛇或水管。
   - 假如你只摸到大象的腿，你會覺得那是什麼？
     暗示：大象的腿又粗又圓，就像樹幹。

- 假如你只摸到象牙，你會覺得那是什麼？

  暗示：象牙的形狀像一把刀。

- 假如你只摸到大象的耳朵，你會覺得那是什麼？

  暗示：大象的耳朵又寬又扁，就像扇子。

2.（表達重點：說一個你的親身經驗，你因為只知道部分事實而誤解別人。再說另一個親身經驗，曾有人因為不知道全部事實而誤解了你。）

**小提示：**

1. 如果對象是年幼的孩子，可把一個大型填充動物玩偶，放在孩子看不見的不遠處，然後要他閉上眼睛，觸摸填充玩偶的某個部位（一隻腳、一個耳朵、圓圓的肚子），請他猜猜是什麼動物。
2. 如果年幼孩子太亢奮把眼睛睜開，可使用眼罩，像玩「釘上驢尾巴」一樣（在牆上貼一張缺了尾巴的驢子圖片，讓蒙住眼睛的人為驢子釘上尾巴）。

當孩子無法看清全貌時，通常猜不出自己摸的是什麼。那麼，假如孩子可以看見全貌，卻有不同的答案呢？答案一定有對錯之分嗎？某個東西同時代表不只一樣東西，有沒有這種可能呢？

「鴨子還是兔子？」遊戲取材自知名的錯視圖，這個圖像可以被看成鴨子或兔子，但無法同時看出兩者。二十世紀初，美國心理學家賈斯特羅（Joseph Jastrow）使用這張模稜兩可的圖片，廣為人知。在哲學界，則是由於奧地利裔英國藉哲學家維根斯坦（Ludwig Wittgenstein）在著作中引用，而聲名大噪。請使用附錄提供的鴨兔錯視圖，進行下一個遊戲。

## 你看到的跟你想的一樣嗎？——「鴨子還是兔子？」練習

帶孩子仔細看一張既像鴨子、又像兔子的圖片，藉此明白有些東西可能代表不只一樣東西。

**生活能力：**洞察力、審視力

**適合年齡：**所有年齡

**練習步驟：**

1. 一起看這張圖片。
2. 這是一隻鴨子、還是兔子？（等待孩子提出答案，然後也說出你覺得它像什麼。如果沒有人回答「鴨子」或「兔子」，就根據某個孩子的答案，向大家說明，這個圖像為何看起來像那個孩子所說的動物。）
3. 再看一次，這次你有沒有看成另一個東西？你覺得它是鴨子、還是兔子？
4. 誰說的是對的？誰說的是錯的？
5. 再看一次，你覺得它現在看起來像什麼？你的看法有沒有改變？
6. （表達重點：這一定是一隻鴨子或一隻兔子嗎？有沒有可能既是鴨子、也是兔子？）

**小提示：**

1. 羅森朵（Amy Krouse Rosenthal）與利希騰赫德（Tom Lichtenheld）根據鴨兔錯視圖，合力創作了一本創意繪本《鴨子?兔子?啟動想像、學習尊重的創意繪本》（*Duck! Rabbit!*），你可以與孩子一起閱讀，進行更深入的討論。

下一個用手勢回答問題的遊戲恰好說明了，即使在日常生活中，複雜性與矛盾也無所不在。

## 每個人的感覺都不同——「動動小指頭」練習

透過把小指頭指向上面、下面和旁邊，來幫助我們察覺心裡的各種感覺，並傳達給其他人。

**生活技能：**洞察力、審視力

**適合年齡：**所有年齡

**練習步驟：**

1. 我們有各種感覺——有時開心、有時難過、有時很累、有時興奮，一切自然流露，沒有好壞之分。感覺隨時都在變，現在的感覺可能和早上不同，而幾小時之後的感覺，也可能和現在不同。我們的感覺有時和別人一樣，有時不一樣，不論一不一樣，都沒有關係。
2. 做一次呼吸動作，留意現在的感覺。
3. 我會問大家一個問題，我喊「一、二、三，開始」的時候，你們就用小指頭回答我的問題。
4. 第一個問題：「你覺得安靜坐著很容易、還是很難？」如果很容易，就把小指頭指向地面；如果很難，就把小指頭指向天上；如果介於兩者之間，就把小指頭指向旁邊。一、二、三、開始。
5. 手保持不動，讓每個人都看見你現在的感覺。請記住，這個問題沒有正確答案。好玩吧（只要孩子還願意玩，就繼續問其他問題）！

**小提示：**

1. 「動動小指頭」是詢問孩子意見的好方法（例如「有人想休息一下嗎？」），但我們通常用來檢視孩子當下的感覺，像是：「你覺得活力充沛嗎？還是很累？你覺得平靜、還是興奮？你覺得放鬆、還是緊張？」
2. 孩子會發現有些人和自己有相同答案（感受），也有些孩子會第一次發現，並不是所有人都與自己意見相同。另一方面，覺得自己被排擠的孩子往往會欣喜的發現，有些人的答案和自己一樣。
3. 為免孩子對特定手勢產生正面或負面聯想，帶領者要不斷變換小指頭指向上、向下與旁邊所代表的意思。例如，第一次遊戲時，指向上代表「要安靜坐著很困難」，那麼下次玩遊戲時，讓指向上代表「要安靜坐著很容易」。可避免孩子把答案與某個反射式評斷聯想在一起（生氣是不好的，感恩是好的），同時創造一個環境，讓孩子能以開放的心，觀察自己內心與周遭發生的事。
4. 年紀較大的孩子與青少年可能對「動動小指頭」這名稱不是很熱中，你可以改成「動動拇指」，並讓孩子用拇指指向上、向下或旁邊來回答問題。

人的想法、感覺與信念涵蓋了很多面向，有時甚至互相矛盾。然而，孩子為了理解與掌控自己內在與周遭發生的事，可能會將自己的體驗過度簡化。孩子（與家長）往往會將內在世界的事物分類並貼上標籤：黑或白，好或壞，對或錯，鴨子或兔子。他們也傾向於把外在世界的事物區分隔離。但人生的複雜性無法僅用二分思維面對，人生的體驗也往往無法清楚分類。

洞察力與審視力恰好可以提醒孩童與青少年，別驟下結論，也別不假思索就做出反射性評斷，學習以開放的心胸，看清每個體驗的奇妙之處與複雜性。

關於開放的心胸，費茲傑羅（F. Scott Fitzgerald）有句名言，「檢驗一流智力的方法，就是看你能否在腦中存有兩個相反的想法，同時還能保有正常行事的能力。」正念靜心正可幫助孩子做到這點。即使是對立面，都是互相依存的，如陰與陽，買方與賣方，老師與學生，或是父母與孩子。

# 第四章
# 懂得感恩

把任何事物抓得太緊，會帶來極大壓力，此洞見最早出自佛陀。

大約公元前四百至六百年前，當時還是悉達多太子的佛陀，出生於印度北方。當他二十九歲時，決定放棄皇家生活，拋下傷心的父親，成為四處流浪的僧侶。過了幾年流浪生活後，他來到菩提伽耶，坐在一棵菩提樹下入禪，發願不成正覺永不起身。他悟得四真諦：苦諦，受苦是人生的一部分（並非全部的人生，而是部分的人生）；集諦（受苦的原因）；滅諦（消滅產生痛苦的原因）；道諦（消滅痛苦的方法）。

接下來的二千五百年，科學家、哲學家與詩人在不同領域證實了四真諦。蘇斯博士（Dr. Seuss）在他最知名的作品之一《哦，你將要去的地方！》（*Oh, the Places You'll Go!*），用兒歌描述了苦諦：「我很遺憾得這麼說／可嘆啊，但這是事實／你可能會受傷／也可能會吃閉門羹。」

## 不憂慮也不壓抑痛苦

以下是我最喜歡的故事之一，正說明了抓得太緊可能導致不必要的痛苦。

獵人設下捕捉猴子的陷阱：他在竹籠裡放了一根香蕉，竹條之間的寬度，恰好可以讓猴子把攤平的手掌伸進去，然而猴子的手一旦拿了香蕉，就會被卡在籠子裡。一隻猴子撞見了陷阱，把手伸進籠子，抓住了香蕉。猴子不願鬆手，於是被陷阱困住了。其實只要鬆手，就可以重獲自由，但猴子深信自己需要這根香蕉，於是打死不放手。

這隻猴子被人生常見的陷阱困住了，追求牠認為可以讓自己快樂的事（吃香蕉），同時逃避牠認為會讓自己不快樂的事（失去香蕉）。故事的教訓是要我們放下香蕉嗎？有時候是，但並非必然如此。假如被陷阱困住了，放下香蕉所比喻的那個東西絕對是獲得解脫的方法，然而，香蕉所比喻的那個東西與我們所受的苦之間的因果關係，通常比上述故事所描述的更幽微。

對於痛苦，比較有技巧的回應方法是任它來去，不去理會。然而，一般人更常有的反應卻是另外兩種：假裝痛苦不存在，或是從每個角度細想關於痛苦的一切。這兩種反應的問題在於：當我們假裝痛苦不存在，或是一再反覆憂慮，內心的不安可能會愈來愈強烈。

只要我們懂得以不同的方式看待痛苦，並選擇去體驗，而非刻意掩蓋或分析，就能擺脫慣用的思維模式。腦子裡的活動沉澱下來後，就能看清自己內心與周遭發生的事，並且不再那麼輕易做出不假思索的反應。這種看待身心痛苦的方法與一般人的反應不同，需要多花一點時間釐清與執行。

## 逆境是一種隱藏的祝福

我們一生中必須經歷無數痛苦，即使最資深的禪修者也不例外。所幸，痛苦可以帶來重要的洞見。散文與小說家艾爾（Pico Iyer）透過《紐約時報》（*New York Times*）

觀點版，思索受苦的價值：

所有智者都告訴我們，受苦帶來明澈與啟發；對佛陀來說，受苦是人生的第一原則，只要一部分的痛苦源自我們的執著（太在意自己），痛苦的解藥就在我們心中。因此我們受苦，有時可能是把自己看得太重所導致的結果，也可能是原因。我曾在日本遇見一位九十多歲的禪宗畫家，他告訴我，受苦是一種特權，能促使我們開始思索最重要的事，並擺脫短視的自滿；他說，在他小時候，那時的人認為你應該花錢吃苦頭，證明受苦是一種隱藏的祝福。

當年紀較大的孩子（與父母）懂得以受苦為契機，開始覺察自己內心與周遭發生的事，逆境就成了一種隱藏的祝福。一旦我們發現，健康與幸福是脆弱且短暫的，就會在日常生活的每件事上，看到「凡事皆會改變」的主題；當我們意識到，幸福是非常複雜、不斷變化，而且與他人的幸福共存時，就會認同另一個主題「人類是互相依賴的」；當我們想起，人的各種思緒與感覺非常複雜又互相關聯，而且會不斷變化，就會實踐第三個主題「保持開放的心」，同時認可前兩個主題。

而當我們能夠坦然接受「壞事也會發生在好人身上」，就明白了正念的苦諦「受苦是人生的一部分」。種種反思通常跟隨受苦而來，幫助我們將周遭發生的一切看得更清楚，也就不會把瑣碎的煩惱看得太重。

艾爾點出，把自己看得太重是人類受苦的因與果，當一切順利時，人們自然而然變得只關心自己。然而，當人生不順遂時，思索互相依賴、凡事皆會改變、看清事實、接納與保有開放的心等主題，會鼓勵我們後退一步，並看見因果關係與條件的巨大網絡，形成了我們受苦的全貌（換句話說，意識到因果主題）。拓展眼界之後，只關心自己的心態，與影響層面更廣大的議題相較之下，往往顯得渺小而微不足道。當我們找到使受苦變得比較可以承受的人地事物，就會對逆境帶來的意義心生感恩，即使正在受苦，也會比較容易以感恩之心與善意看待他人。感恩與善意正是形成富含智慧與慈悲心的世界觀的另兩個重要主題。

不過，孩子不需要受苦，也能拓展思維。下一個練習運用簡單方法，就能幫助孩子體會一句越南諺語：「吃果子時，想想種果樹的人。」

「感謝農夫」練習可提升年幼孩子對「互相依賴」主題的覺察，同時也有機會練習心懷善意與感恩。年紀較大的孩子與青少年可能不適合玩這遊戲，但可反思這句諺語的含意。

找一個方便孩子吃東西的地方，為每個孩子準備一小杯葡萄乾。

## 對擁有的一切充滿感激——「感謝農夫」練習

吃葡萄乾之前，先感謝讓這些葡萄乾來到我們面前的人地事物。

**生活能力：**洞察力、審視力

**適合年齡：**年幼的孩子

**練習步驟：**

1. 拿起一粒葡萄乾，吃之前先想想，葡萄乾是怎麼從樹上來到我們手中的：

- 想想帶給土壤養分的蚯蚓……謝謝你，蚯蚓！
- 想想帶給葡萄樹養分的陽光和雨水……謝謝你，大自然！
- 想想照顧葡萄樹與採收葡萄的農夫……謝謝你，農夫！

• 想想採收葡萄、把葡萄曬乾、然後裝進盒子裡的工人……謝謝你，工人！
• 想想把葡萄乾運送到店裡的卡車司機……謝謝你，卡車司機！
• 想想買葡萄乾並把葡萄乾放到你面前的人……（讓孩子向你表示感謝）

2. 不客氣！現在一起吃葡萄乾吧。把葡萄乾放進嘴裡，不要急著嚼，留意嘴裡有什麼感覺。然後慢慢嚼葡萄乾，最後再吞下去。仔細體會每個步驟的感覺。

3.（表達重點：你以前吃東西有這樣想過嗎？你現在對葡萄乾有不同的想法了嗎？）

人們往往把更多心思放在我們沒有的東西，而不對擁有的東西心存感恩。有時候，父母想要多一點——更好的工作、更長的假期，或是更多的存款。有時候，我們想要少一點——信用卡帳單或體重計上的數字小一點。偶爾，我們想給孩子與家人比我們能力所及更多的東西。

在上述例子中，我們聚焦於欠缺的東西，而非所擁有的。有些科學家把這種負向偏誤歸因於人類的演化，認為人類的大腦天生對壞消息有更強的反應，因為壞消息預告危險即將來臨，而大腦在演化之下，把生存視為優先要務。而我們可以藉由反思並感恩已經擁有的東西，扭轉負向偏誤。

接下來請準備切成長條狀的勞作紙，以及一些裝飾用品，一同放在一個籃子裡。

## 表達善意，從你開始——「感恩鍊」練習

寫下感謝的心情，提醒自己想一想已經擁有的東西，體會一下表達善意這個單純的動作，所產生的正面效果。

**生活能力：**洞察力、審視力

**適合年齡：**年幼的孩子

**練習步驟：**

1.（表達重點：別人曾經如何幫助過你？你知道什麼是「感恩」或「感激」嗎？）

2. 和孩子一起做一條感恩鍊。先在紙條上寫下想感謝的事物，然後加一些裝飾品，串成一條鍊子。

3.（表達重點：當你感謝某個人或某個事物時，心裡有什麼感覺？人與人之間透過哪些方法連結在一起？什麼是社群？）鍊子做好後，協助孩子把感恩鍊掛在對孩子具有意義的地方，或是送給別人。

**小提示：**

1. 感恩練習適時提醒孩子深入「互相依賴」的主題，明白他們其實與自己認識以及完全不認識的人連結在一起。例如，由於許許多多人的參與，才讓食物出現在每天的餐桌上（農夫、食品商、廚師），才有他們最喜愛的電視節目與電影（編劇、製作人、演員、導演）。

有的孩子與青少年在做感恩練習時，很容易誤解父母試圖提醒他們心存感激，儘管父母並無此意，孩子在過程中仍難免浮現痛苦的想法與情緒，因而忽略人生的困境。當痛苦情緒湧現時，鼓勵孩子從更寬廣的視角看待自己的感覺，而不是壓抑或逃避。當孩子正視自己受傷的感覺，並想起人生中的美好，就體現了「保持開放的心」這個主題。

「三件好事」讓孩子有機會練習全觀思維，當他們感到難過或有迫切需求時，可以多加運用。

## 當孩子難過失望時──「三件好事」練習

當我們感到失望時，要正視這種感覺，然後想一想人生中曾經遇過的三件好事。

**生活能力：**洞察力、審視力

**適合年齡：**所有年齡

**練習步驟：**

1. 曾有任何人或任何事令你失望嗎？傾聽孩子的經驗。
2. 當時心裡有什麼感覺？正視孩子的感覺，若情況允許，與孩子聊一聊。
3. 當你失望時，生命中仍有好事發生。說出其中三件好事。

**小提示：**

1. 提醒孩子，練習重點並不是要他們在難過時，假裝自己不難過。孩子可以一方面對人生中的好事心懷感恩，一方面對自己遭遇的困境感到難過、痛苦或失望。兩種感受是可以並存的。
2. 假如想不出三件好事，與孩子一起腦力激盪，幫助他們找到。
3. 當孩子明白練習重點不在於壓抑情緒，你就可以在家庭生活不如意時，運用「三件好事」的概念，以玩遊戲的幽默態度予以回應。例如，年幼的孩子把蘋果汁灑出來，眼看就要哭出來了，你可以對他說，「哎呀，糟糕了，在我擦桌子的時候，你可以說出三件好事嗎？」
4. 父母也可以請孩子幫忙，當父母自己感到失望或心煩時，孩子也可以反過來提醒他們說出三件好事。

5. 想養成感恩的習慣，在平常情緒平順時，就要多多練習。你可以趁著吃晚餐、睡覺前，以及全家人聚在一起的時光，與孩子練習。

下一個練習活動「人生很美好」，以好玩的方式讓孩子正視自己面臨的困境，同時想到生活中美好的事，藉此以更開闊的視野看待種種困難。我半開玩笑的把這個遊戲稱作「發牢騷遊戲」。孩子圍成一個圓圈或是兩人一組，把球滾向旁邊的人或對面的夥伴。手裡拿球的人要說出一件他覺得討厭的事，然後把球滾向另一個人，並說「人生還是很美好」。

這個活動受到巴拉茲（James Baraz）教他的八十九歲母親玩的一個感恩遊戲的啟發，巴拉茲是「靈岩冥想中心」（Spirit Rock Meditation Center）的共同創辦人，而活動名稱是由禪修先驅葛斯汀所建議的。

## 有煩心的事，就有美好的事──「人生很美好」練習

與孩子一邊滾著球（兩人一組來回滾動，或所有人圍成一個圓圈向旁邊滾動），一邊說出覺得很煩的事，同時接著說「人生還是很美好」，提醒自己想起美好的事物。

**生活能力：**洞察力、審視力

**適合年齡：**所有年齡

**練習步驟：**

1. 球滾向誰，誰就說出一件覺得很煩的事，然後把球滾向別人，並說：「人生還是很美好。」
2. 帶領者先開始。例如：「我今天把項鏈弄丟了……」把球滾向另一個人，接著說：「人生還是很美好。」
3. 換下一個人說一件事，然後把球滾向別人。當孩子玩遊戲時，引導他們加快速度。

一開始，你可能會覺得感恩練習似乎只是種腦力訓練。不過，假如你們全家人在生活平順時，抽出愈多時間練習感恩，當遇到困境時，會比較容易對人生中的美好事物心懷感恩。當這樣的轉變發生時，感恩練習就會成為全家人世界觀的一部分，而不再只是單純的腦力訓練。

第五章

# 你「正在」做什麼？

從我初次接觸僻靜禪修到現在，正念靜心已登上《時代》（*Time*）雜誌封面，從社會的邊緣成為主流。不過，就連出版了靜心冥想專書《快樂，多一〇%就足夠》（*10% Happier*）的作者哈里斯（Dan Harris）都說，正念靜心有「太過虛無縹緲」的問題，而他所從事的新聞主播工作，可說是再主流不過的職業了。

在部落格與諸多作家大肆吹噓與過度簡化之下，正念靜心被蒙上一層含糊且不精確的意義。這兩個名詞常被替換使用，更混淆的是，某些無關的概念也被混在一起，並稱作「正念」或「靜心」。

我真希望可以不去理會定義上的種種歧異，但這些定義非常重要，我非釐清不可。

## 不只關注目標，也關注過程

「靜心」一詞在靈修界有好幾種定義。法籍藏傳佛教僧侶李卡德博士（Matthieu Ricard）在《快樂學》（*Happiness*）中解釋道，「靜心」一詞在藏文的意思是「熟悉」，也就是「讓你逐漸熟悉從新觀點看事情，以及用新方法管理思維、看待他人與體驗世界」。同樣的，我用「靜心」一詞來描述一種方法，透過靜心這種方法來鍛鍊心智，培養穩定、可靈活調控的注意力；探究內心與周遭發生的事；增進對自己、他人與世界的洞察；強化正向特質（如本書探討的許多主題），藉此了解我們的心智。

「正念」一詞則源自梵語和巴利語兩種古老語言，語意是「記起」，也就是記起我們關注的焦點。把心思放在特定對象上，保持不分心，這就是正念的專注力功能。

在傳統書寫中，「正念」一詞經常與「覺知」（awareness，也譯為「覺察」）或「知曉」（knowing）一起用。在此脈絡下，知曉與覺知指的是察覺腦內思緒的能力。正念可以幫助我們敏銳的覺知各種心智歷程（看到、聽到、嘗到、聞到、感覺到、想到或憑直覺知道的事物），而覺知可以幫助我們體察當下的心智狀態（激動、遲鈍、警覺或分心）。

孩童與青少年可透過練習正念靜心，培養穩定、可靈活調控的注意力，這是種可在不同類型的活動之間自由轉移的注意力。例如，孩子可以學會把注意力從功課轉移到電話鈴聲，然後再轉回功課上，或是把注意力從想事情轉移到五官感受或某項工作。正念專注力不一定會把某類活動視為優先，不過，年紀較大的孩子與青少年才有能力運用適當程度的覺知，知道自己的注意力聚焦於何處，以及注意力的品質高低。說得具體一點，當孩子保持正念時，會察覺自己的心智正在做什麼，以及處於何種狀態。

威斯康辛大學麥迪遜分校「健康心靈研究中心」（Center for Healthy Minds at the University of Wisconsin-Madison）的達爾（Cortland Dahl）與同僚在二〇一五年發表的一篇論文解釋，「後設覺知」（meta-awareness）在科學文獻中，指的是察覺的過程。達爾寫道，若沒有後設覺知，「我們可能覺知到了想關注的對象，但無法覺知到思考、感覺與感知的過程」。假設有個青少年拿著電子裝置，卻精神渙散、兩眼無神的盯著螢幕看，他雖然非常專注的使用手上的裝置，但沒有察覺自己正在做什麼。後設覺知在此情況下並不存在，而從正念的觀點來看，她處於渾然不覺的狀態。

許多孩子還沒有發展出後設覺知能力（察覺自己的心智正在做什麼以及處於何

種狀態），關於這一點，父母師長在教導孩子正念時必須謹記在心。賓州州立大學教授葛林伯格（Mark Greenberg）創立了「促進人類健康預防研究中心」（Prevention Research Center for the Promotion of Human Health），他率先開發出社會與情緒學習課程「PATHS」（Promoting Alternative Thinking Strategies，孩子的替代思維策略訓練課），葛林伯格指出，年幼的孩子通常還沒發展出理解或應用後設覺知的能力：「每個孩子發展出這些能力的確切時間因人而異，但通常要到四年級以後，才會逐漸成熟。」不過，還沒發展出後設覺知能力的孩子，仍能從培養專注力、自我調整力與善意的正念遊戲獲益良多。

## 正念專注力：學業、情緒與社交的必備工具

由內而外的轉化，是正念靜心的終極目標；當孩子的心智能力提升了，就能以更多智慧與慈悲心說話、行動，以及同理他人。透過不斷練習正念靜心，有助於孩子培養與提升專注力、平衡情緒與慈悲心（attention、balance、compassion，我稱之為「ABC要素」）。

以上三種特質雖然不一定是線性發展，但通常按以下順序進行：先發展專注力，逐漸加進情緒平衡，最後培養出慈悲心。以上特質雖然發展緩慢但富有意義，並會隨著時間發展得愈來愈強健。專注力可培養孩子的聚焦力與靜心力；情緒平衡可提升孩子的洞察力與審視力；以慈悲心為出發點說話、行動與同理他人（與自己），可培養他們的關懷力與連結力。

最大的障礙或許是，孩子難以清楚且直接看見自己的心思。因此，轉化之路要從發展專注力開始。

專注力是孩子在學業、情緒與社交方面的必備工具。若孩童與青少年有能力掌控自己的注意力，就能在混亂中穩定下來。有了穩定、可靈活調控的注意力，孩子就能清除心中的噪音，這項成就不容小覷。孩子腦袋清楚了，就能明白每個當下是由不斷變化、非常複雜、有時甚至互相矛盾的原因與條件的網絡所構成。流程看似簡單，卻不容易做到，尤其在情緒亢奮時。年紀較大的孩子與青少年可藉此洞察禪修者自古以來教導的一件事：透過智慧與慈悲心審視自己人生的同時，就能與自己的價值觀與道德觀產生連結。

年幼的孩子還沒有能力動用後設覺知所需的認知掌控力（還無法即時察覺自己的

心智正在做什麼，以及當下狀態），但他們經常體現一個與正念相似的天生特質：以滿懷的好奇心與興奮之情，全然活在當下。例如，孩子看著蝴蝶在花園翩翩飛舞，或是鴨子在池塘游泳，就開心滿足得不得了。遺憾的是，許多孩子早在成為父母之前，就因為日常生活的壓力與重擔，失去全心全意投入大自然的蓬勃生命力。

## 快樂一直都在

有一繪本故事描寫一對母子急忙趕火車的經過，道出了承受極大壓力的父母看世界的方式，與孩子活在當下時充滿喜悅的好奇心，兩種體驗之間的差別。在波第斯（**Antoinette Portis**）的《等一下》（*Wait*）中，忙碌的媽媽不斷錯過日常生活中的平凡風景，但她的兒子卻享受在尋常風景中的不凡之處——他和一隻臘腸狗玩、向修馬路的工人揮手、伸出指頭讓蝴蝶停在上面，以及品嘗落在舌尖的雨滴。最後到達車站時，眼前絕妙的美景使這對母子同時停下腳步。他們沒有上車，而是一起站在月台上欣賞雙重彩虹。

我們不需要遇到難得一見的雙重彩虹，也能欣賞每個當下的美。洗衣籃裡成堆的衣服、水槽裡的髒碗盤，以及正在爐子上燉煮的晚餐，尋常而美好的事物無所不在。即使遇到塞車，或是當我們已經準備好出門，伴侶或孩子卻還沒準備好時，只要我們帶著覺知稍微等一下，就能找到一直都在的喜悅與快樂。

## 孩子請你等一下——「正念等待」練習

當我們等待時，把注意力集中在周遭某個目標上（盆栽、咖啡壺、地平線）。凝視目標物，慢慢放鬆，並留意內心與周遭發生了什麼事。

**生活能力：**聚焦力、關懷力

**適合年齡：**所有年齡

**練習步驟：**

1. 以舒服輕鬆的姿勢坐或站，感受你的呼吸。
2. 在附近找一個好看的物品，放輕鬆，凝視那樣物品。
3. 留意周遭所有變化（顏色、聲音、光線的變化）。

4. 有時腦海會浮現思緒，有時不會。思緒浮現時，不要理會。只要不花心思在上頭，思緒出現一會兒之後，就會自動消失。
5. 如果發現自己分心了，代表你知道心思何在。恭喜你！這就是正念覺知。只要再次輕鬆的凝視同一件物品就好。
6. （表達重點：你看到了什麼？看到的東西令你感到驚訝嗎？周遭有任何變化嗎？一開始有什麼感覺？後來有什麼感覺？時間過得很快、還是很慢？）

**小提示：**

1. 帶領年幼的孩子時，請他們先告訴你，他們凝視的是什麼物品，再進行下一個步驟。
2. 全家人遇到不得不停下來等待的時刻，如塞車、等待看診或排隊時，也很適合練習。
3. 「正念等待」可幫助孩子在過度亢奮或難過時平靜下來。

把當下擺在第一位的正念練習，也可把父母拉回到孩子世界的此時此刻。這些遊戲提醒我們，聚焦於當下時，原本看似平凡的事物也會變得不平凡，並帶給我們喜悅。

出生於越南的一行禪師（Thich Nhat Hanh）是佛教禪宗僧侶、詩人與和平主義者，他與孩童和家長分享正念觀念的努力廣受推崇。他在《正念》（*Mindful*）雜誌解釋道：

當你凝視日出時，你愈專注、精神愈集中，就愈能看見日出的美。假設有人請你喝一杯很香、很好的茶，如果你分神了，就無法真正品味茶的好。你必須把心思與全副精神放在這杯茶上，任其展現香氣與美妙之處。正念與專心是快樂的源頭，真正實踐正念的人，知道如何在一天當中的任何時候，找出喜悅的時刻與快樂的感覺。

正念可培養專心一致的能力（或是聚焦力），難怪一行禪師把正念與專心視為發現每個時刻潛藏的快樂與喜悅的先決條件。康菲爾德（Jack Kornfield）博士是美國重要的禪修導師，也是「靈岩冥想中心」共同創辦人，他在《智慧的心》（*The Wise*

*Heart*）巧妙的一語道出專心、快樂與喜悅的關聯：「平和的心可產生愛……當愛遇上快樂，就轉變成喜悅。」

下一個練習需要在方便吃東西的地方進行。請選擇能一個接一個吃下去的簡單食物，如葡萄、藍莓、葡萄乾，並放一些在杯子裡。若想給孩子一個驚喜，可選用巧克力，然後要孩子把巧克力含在嘴裡，直到全部融化。請孩子留意五種感官的感覺：看見巧克力，聽見打開包裝紙的聲音，品嚐巧克力的味道，聞到巧克力的香氣，以及感受巧克力在嘴裡融化。

## 你正在吃什麼？——「一次吃一口」練習

一口一口慢慢吃，讓自己放鬆、享受此刻，並心懷感恩。

**生活能力：**聚焦力、關懷力

**適合年齡：**所有年齡

**練習步驟：**

1. 拿起食物，並留意看起來、摸起來和聞起來的感覺。當你拿著食物、還沒吃下去之前，留意你產生的念頭與感覺。
2. 把食物放進嘴裡，先不要嚼。留意食物在你舌頭上的感覺。你有沒有流口水？
3. 接著慢慢咀嚼食物，然後吞下去。仔細留意每個步驟的感覺。
4. （表達重點：把食物含在嘴裡，但不要嚼，是什麼感覺？當你嚼食物時，嘴裡有什麼感覺？當你吞東西時，喉嚨有什麼感覺？你有產生任何念頭或情緒嗎？）

**小提示：**

1. 對於年幼的孩子，可把本活動稱為「用慢動作吃東西」。
2. 詢問孩子，對於自己產生的各種感覺，是否有任何令他們感到意外的地方（孩子通常會注意到自己流口水、肚子咕嚕咕嚕叫，或是亢奮）。
3. 為了幫助孩子減少反射性飲食的行為，以更多的覺知吃東西，可以請他們留意自己吃東西前後有什麼不一樣的感覺。（表達重點：你覺得有多餓？或有多飽？餓和飽的感覺有什麼不同？你是否曾在肚子很飽時，仍繼續吃東西？你覺得肚子餓時一定會吃東西嗎？）

許多家長對於《等一下》故事中的媽媽心情，頗能感同身受，在現實生活裡，這種人似乎也占了絕大多數。哈佛大學的奇林斯沃斯（Matt Killingsworth）與吉伯特（Daniel Gilbert）帶領一項研究，以應用程式隨機詢問人們當下的想法與感受。結果受訪者回答說，他們有一半的時間會分神，另外，當他們聚焦於工作時比分心時更快樂。一般來說，聚焦於當下會使人們感到比較快樂，這個結果並不意外，但令我訝異的是，即使人們聚焦於不愉快的工作時，也是如此。

加州大學洛杉磯分校的榮譽教授斯莫利（Susan Smalley），共同創辦了加州大學「正念覺知研究中心」（Mindful Awareness Research Center）。她的研究指出，人們的心思游移時，只有三分之一的時候是想到愉快的事。換句話說，人們分心時，有三分之二的時間想到的是不愉快或中性的事。難怪活在當下比分心時更快樂。

然而這不一定表示，分心一定會導致不快樂。

## 正念靜心？還是做白日夢？

分心走神與做白日夢，對於孩子培養批判性思考與解決問題的能力非常重要。當孩童與青少年想像各種選擇與結果可能帶給自己什麼感覺時，這種白日夢可以激發自我覺察；當想像可能帶給別人什麼感受時，則可以激發同理心。

「解決難題時，真正有創意的解決方法，往往來自突發奇想。」史丹佛大學神經內分泌學教授史波斯基（Robert Sapolsky）在《華爾街日報》（*Wall Street Journal*）的文章如此說道，「分心可使單調乏味的事，變得比較能夠忍受。」但並非所有的心思游移都與白日夢一樣，也並非全對人有益。即使白日夢可以帶來極具創造力、令人放鬆與振奮的體驗，孩子有時仍需拋開白日夢，重拾手上正在從事的活動。

因此，接下來我想討論白日夢與正念的差異。年紀較大的孩子做白日夢時，不會試圖追蹤腦袋裡發生的事，而是讓心思天馬行空的馳騁；在一些靜心方法中，也會讓年紀較大的孩子與青少年這樣練習。但兩者的差異在於後設覺知：較大的孩子在靜心時會追蹤自己的思緒，但做白日夢時就不會這麼做。舉例來說，有個青少年在做白日夢時知道自己正在做白日夢，這樣算是做白日夢嗎？差別在於，假如他在追蹤腦袋裡的活動，就可能是在靜心，而不是做白日夢。假如某個青少年練習靜心時，心思開始自由遊走，而且沉迷於想像中，這還算是靜心嗎？答案是否定的。心思游移不一定有問題，但假如他沒有覺知到自己的心思正在游移，就離開了正念，而且很可能在做白日夢。當他意識到自己正在做白日夢時，就能重拾正念。

對於白日夢或正念的定義區別，科學家還沒有定見，但科學界在另一件事上已經有共識：花點時間做正向、有建設性的白日夢，也就是好玩、充滿幻想的意象與有計畫的創造性思維，可提升學習力，也有助於孩子的大腦發展。那麼，家長該拿界線模糊的正念與白日夢怎麼辦？標準答案並不存在。不過，有一件事是確定的：我們需要幫孩子找出方法，在兩者之間取得平衡。

# PART 3

# 聚焦力

隻字片語也能產生巨大威力。一九四五年出版的經典繪本《胡蘿蔔種子》（*The Carrot Seed*，克勞斯〔Ruth Krauss〕著，強森〔Crockett Johnson〕繪），是我最喜愛的童書之一。故事中小男孩的家人，全都勸他不要種胡蘿蔔種子。在這本只有十二頁的繪本中，小男孩的父母分別對他說，他們擔心種子不會發芽，他哥哥更斬釘截鐵的說種子不會發芽。在接下來的四頁，即使這個小農夫每天拔草澆水，胡蘿蔔種子依然沒有動靜。

「然後有一天，胡蘿蔔長出來了。就跟小男孩原本想的一樣。」當小男孩的努力得到回報，他的決心與毫不動搖的信念，令人驚奇不已。當胡蘿蔔的葉子長出地面，以及當小男孩用推車推著比自己體型還大的胡蘿蔔時，我們忍不住想為他歡呼。繪本以大約一百個字，讓讀者從一個小男孩身上看見，以行動體現的耐心與有智慧的自信心兩個主題，而孩子需要具備這兩種特質，才能發展出穩健、可靈活調控的注意力。

孩童與父母需要透過經常而短暫的反思，才能培養出穩健、可靈活調控的注意力，但一開始似乎沒什麼作用，關於這點，詠給明就仁波切說：「短暫的練習，經常的練習，就像落入巨大空桶的水滴一樣，一點一滴累積，大空桶終究會裝滿。」

這不僅是個好方法，而且需要技巧，尤其在教年幼的孩子練習正念時。這方法也需要運用耐心與有智慧的自信心。「內觀禪修會」共同創辦人與靜心導師薩爾茲堡（Sharon Salzberg）在《靜心冥想的練習》（*Real Happiness*）解釋道：「想像你用一把小斧頭，把一塊巨大的木頭劈開。你砍了九十九次，但這塊木頭紋風不動。當你砍下第一百次時，木頭應聲而裂。砍了第一百次之後，你可能會問自己，我這次做了什麼不同的事嗎？我握斧頭的方式不同嗎？站的姿勢不同嗎？為什麼第一百次就能把木頭劈開，而前面九十九次不能？當然，我們需要前面的九十九次，把木頭的質地變脆弱。當我們砍下第三十四或三十五次時，心裡的感覺不太好，因為似乎沒有任何進展。但事實上，每次劈砍都有作用。」

我們需要耐心與有智慧的自信心，才能持續不斷劈砍木頭，直到應聲裂開，就像《胡蘿蔔種子》的小男孩所做的事，以及同時期的另一本經典童書中的藍色小火車頭。曼克（Arnold Munk）以派普爾（Watty Piper）為筆名創作了《小火車做到了》（*The Little Engine That Could*）這本繪本。藍色小火車頭的個子太小了，要拉著裝滿玩具的列車越過山頭，簡直太難了，但他咬牙拉著列車前進。在上山的路上，他不斷告訴自己：「我想我可以，我想我可以，我想我可以。」在下山的路上，他不斷告訴自己，「我就知道我可以，我就知道我可以，我就知道我可以。」這兩本繪本出版的年代，生活步調比現代慢了許多。在步調快速的現代，我們的孩子能像上述故事中的主角，體現耐心與有智慧的自信心嗎？我認為可以，只要把更多注意力放在做事的過程，而非聚焦於結果。

# 第六章
# 正念呼吸

我第一次嘗試靜心冥想，是和我先生與一群陌生人在紐約市禪修中心一起練習的。當時我盤腿坐在軟墊上，盯著白色的牆看，幾分鐘之後，種種思緒排山倒海襲來，我忍不住衝出禪堂，彷彿頭髮著火一般。回顧這段過往，我明白當時的自己為何坐不住。那段時間恰好是我們全家人最艱難的時期，要我長時間檢視內心世界，簡直太嚇人、太痛苦了。過了一段時間，促使我想修習靜心的煩心事已獲緩解後，我才再度嘗試。

可惜的是，我認識的一位母親一開始被嚇跑後，就再也沒有重拾靜心了。這位能幹的職業婦女告訴我，她以學習新事物的心態接觸靜心，試著讀幾本書、聽一些演講錄音，下載應用程式。做過研究之後，她覺得自己已經準備好了，於是開始自我練習。然而每當她開始靜心時，整個人就被恐懼與無助感淹沒。她之所以想嘗試靜心，就是為了度過生命中的難關，但不論採用哪種方法，也不論多麼努力，她靜心時始終達不到平靜、放鬆或平和的心境，只覺得焦躁不安、情緒激動。我聽過許多類似故事，許多人放棄靜心，是因為靜心的體驗充滿挫折。

剛接觸靜心時，許多孩子認為靜心很容易，而大多數家長則認為靜心很困難。一位事業有成的中年父親告訴我，他曾請年輕的正念老師用淺顯易懂的話，教他靜心的方法，老師則建議他每天抽出五到十分鐘，舒服的坐著或躺著，然後把注意力集中在呼吸上。她說，腦海若浮現任何念頭，不要理會，把注意力拉回呼吸。

這位父親雖然記得老師教的方法，但就是做不到。當心思忙著打轉時，他會陷入分析問題的迴圈；當不思考時，他就會覺得無聊，腦袋放空。不論哪種情況，這個滿懷期待的靜心新鮮人都覺得自己是在浪費時間。當他一邊靜心、一邊思考時，總覺得坐在書桌前還比較有效率；而當他一邊靜心、一邊放空時，覺得還不如到後院的躺椅上去做白日夢。

上述因被強烈情緒淹沒而放棄靜心的母親，以及迷失在思考或放空裡而放棄靜心的父親，只是許多類似例子之一。許多人曾告訴我，他們之所以被靜心吸引，是因為想解決生活中的某個問題，就和我幾十年前的心態一樣。

然而，當我發現靜心與自我改進的概念恰好相反時，大感驚訝。不再追求完美，與朋友、家人和同事相處時用心陪伴他們，對我來說簡直是大開眼界的觀念，而我也稍微窺見何謂心理上的自由。

## 愈急於解決問題，愈難放下

丘卓（Pema Chodrom）是最早在美國教授藏傳佛教的導師之一，她在《不逃避的智慧》（*The Wisdom of No Escape*）寫道：「當人們開始練習靜心時，往往覺得自己的情況多多少少會改善，這其實是對自己本質的某種侵犯，就好像在說，『如果我開始慢跑，我就會變得更好。』」丘卓還說：「靜心的目的並不是要把原本的自己丟掉，成為更好的自己，而是要接納自己的本來面貌。」

要成為自己的好朋友，要先放下自我改進的觀點，接納發生在內心與周遭的一切。當我們能夠坦然接受，令人痛苦的強烈感覺（例如焦躁不安、恐懼、憤怒與悲傷）偶爾會出現，就能以平常心看待不舒服的感覺，並明白自己有能力承受。對孩子來說，觀點轉換的過程可能像是：「要安靜坐著真的好難，不過沒關係，每個人偶爾都會有這種感覺。我坐在這裡感覺我的身體，感覺全身的精力——我的心跳得很快，雙腿和雙手很想動一動。我可以做一次呼吸練習，傾聽周遭的聲音，而且想知道自己會有什麼感覺，以及這些感覺的變化。這樣就好。」

許多靜修訓練都從正念呼吸開始，甚至只教正念呼吸。方法極為簡單但深刻，而且有時不容易做到。

在下一個練習「正念呼吸」中，孩子要放鬆自己，聚焦於一吸一吐時的身體感受，不刻意改變呼吸的速度或深度，讓身體自然呼吸。

丘卓在《生命如此美麗》（*Living Beautifully*）解釋道，「我們吐出的氣融入空間，然後再把氣吸進來。自然的持續吸吐動作，不刻意，也不加以掌控。每次吐氣時，把一切放下。不論發生什麼事——腦子裡的念頭，情緒，或是環境中的聲音或動作——學習接納一切，不帶任何價值評斷。」

對孩童與青少年而言，覺察與接納自己內心的想法、感覺與感官覺知，以及外在環境中的噪音、動靜與干擾，過程有點像這樣：

明天要交期末報告；我一定來不及寫完。好吧，這只是個念頭。我現在吸一口氣，然後吐氣。朋友的生日派對竟然沒有邀請我參加，氣死我了。沒關係，這也只是個念頭而已。吸氣，吐氣。走廊上那麼吵，我根本沒辦法靜心。念頭。沒關係。現在吸一口氣，然後吐氣。我的鼻子好癢。那只是個感官感覺，我要把腦袋裡出現的所有東西都貼上「念頭」的標籤。吸，吐，吸，吐。我的思緒開始慢下來了。可惡，念頭又出現了！吸，吐，吸，吐。我真不敢相信！我已經不再想著呼吸了！啊，我又在想了。好吧，貼上「念頭」的標籤。現在吸一口氣，然後吐氣。

## 將注意力從煩心事上轉移──「正念呼吸」練習

把注意力集中在呼吸的感受，以此幫助自己放鬆並停留在當下。

**生活能力：**聚焦力

**適合年齡：**所有年齡

**練習步驟：**

1. 躺在地上，兩腿伸直，雙手放在身體兩側。想閉上眼睛也可以。
2. 感受頭碰觸地板的感覺；感受肩膀接觸地面的感覺；試著感覺你的上背部、手臂、手掌、下背部、兩條腿和兩隻腳。
3. 留意吸氣和吐氣的感覺。呼吸的方法沒有對錯之分，不論快或慢，深或淺，都沒關係。
4. 留意哪個部位讓你最能感受到呼吸的感覺。你有感覺到空氣從鼻子進出嗎？有感覺到肚子上下起伏嗎？有感覺到肺部充滿空氣嗎？
5. 選擇你最有感覺的部位，做幾次呼吸，仔細留意那個部位的感受。
6. 留意吸氣的動作。從開始吸氣一直到吐氣的前一刻，你能試著留意整個吸氣過程的感覺嗎？如果很難讓心思一直停留在吸氣上，當你吸氣時，在心裡說「吸」（讓孩子練習一、兩分鐘）。
7. 從開始吐氣一直到吸氣的前一刻，你能試著留意整個吐氣的感覺嗎？如果很難讓心思一直停留在吐氣上，當你吐氣時，在心裡說「吐」（讓孩子練習幾次呼吸）。

8. 把吸氣和吐氣動作結合在一起，留意整個呼吸過程，仔細覺察每一刻。如果很難讓心思一直停留在呼吸上，當你吸氣時，在心裡說「吸」，當你吐氣時，在心裡說「吐」（讓孩子練習幾次呼吸）。

9. 檢查一下身體的感覺。感受頭碰觸地板的感覺；感受肩膀接觸地面的感覺；試著感覺你的上背部、手臂、手掌、下背部、兩條腿和兩隻腳。

10. 準備好時，睜開眼睛，慢慢坐起，結束練習（做一次呼吸，留意自己的感覺）。

**小提示：**

1. 孩子通常最喜歡躺著練習，但想坐著或站著也可以。
2. 當孩子坐著或站著練習正念呼吸時，很難保持靜止不動。你可以讓他們有限度的緩慢左右搖擺身體。
3. 現代的孩子隨時隨地都在處理各種資訊，要縮小注意力範圍，只集中在呼吸上，可能有點困難。因此，本練習運用了禪修者自古以來常用的妙方：如果很難讓心思一直停留在呼吸上，當你吸氣時，在心裡說「吸」，吐氣時，在心裡說「吐」。

4. 帶領完正念呼吸練習（或任何內省式活動）後，給孩子與青少年一點時間討論感覺與體驗。可以是每個人輪流簡短發言，或是完整的充分討論。

5. 偶爾提醒孩子檢查身體是否緊繃，並鼓勵他們放鬆。

把一個輕軟的枕頭（或是稍微有點重量的柔軟物品）放在練習者的肚子上，可幫助他們聚焦於呼吸的感官覺知。在下一個練習中，請年幼的孩子放一個填充動物玩偶在小肚子上，用上下起伏的呼吸動作，假裝搖玩偶入睡。對於年紀較大的孩子或青少年，用枕頭、軟墊或其他柔軟、稍微有點重量的物品代替填充玩偶。

## 進一步感覺呼吸起伏——「玩偶搖籃曲」練習

用肚子的起伏動作，假裝搖填充玩偶入睡，以此放鬆身體，讓心靜下來。吸氣時，玩偶的位置會上升，吐氣時，玩偶的位置會下沉。

**生活能力：**聚焦力

**適合年齡：**年幼的孩子（較大的孩子與青少年使用的輔助物品會稍微調整）

**練習步驟：**

1. 躺在地上，兩腿伸直，雙手放在身體兩側。想閉上眼睛也可以。帶領者把填充玩偶放在孩子的肚子上。
2. 感受頭碰觸地板的感覺。感受你的肩膀、上背部、手臂、手掌、下背部、兩條腿和兩隻腳的感覺。你可以拍拍肚子上的玩偶，留意自己有什麼感覺。
3. 留意吸氣和吐氣的感覺，用呼吸的動作，感受玩偶上下起伏。身體有什麼感覺？腦袋有在想事情嗎？進入下一個步驟前，先等待一至三分鐘。
4. 如果很難讓心思停留在呼吸上，每當玩偶上升時，在心裡說「上」，每當玩偶向下沉時，在心裡說「下」。
5. 檢查自己身體的感覺。感受頭碰觸地板的感覺；感受你的肩膀接觸地面的感覺；感覺你的上背部、手臂、手掌、下背部、兩條腿和兩隻腳。

6. 準備好時，睜開眼睛，慢慢坐起，做一次呼吸來結束練習。留意自己有任何新的感覺嗎？

人的心智天生就是用來思考，但在靜心時想著過去與未來的事，很容易分神。這時通常會用數數來幫助靜修新鮮人的注意力鎖定目標，把思考範圍縮小為一個單字時，心思就會停留在那個單字上。靜修圈以外的人也常用數數讓忙碌的心思靜下來，正如長久以來常鼓勵失眠的人，在難以入睡時數羊或倒數數字。

華勒士（Alan Wallace）博士出版許多正念靜心作品，包括《真正的快樂：以靜心通往圓滿之路》（*Genuine Happiness: Meditation as the Path to Fulfillment*）。他把數息稱作「靜心的訓練之輪」，因為數數可以讓靜修者的心思有事可做，直到思緒慢下來，最後能夠得到全然的平靜。

## 專注在目標上——「數息」練習

數息能幫助專心。就像練習運動或樂器一樣，愈常練習數息，就愈能專心。

**生活能力：**聚焦力

**適合年齡：**所有年齡

**練習步驟：**

1. 坐著，背挺直，身體放鬆，雙手輕鬆放在膝上。
2. 自然的吸氣，在心裡默數「一」。接著一邊吐氣，一邊放鬆額頭肌肉（帶領者豎起一隻手指，等待每個人吸氣並吐氣）。
3. 再做一次。自然的吸氣，在心裡默數「二」。接著一邊吐氣，一邊放鬆肩頸肌肉（帶領者豎起兩隻手指）。
4. 再一次吸氣，在心裡默數「三」。接著一邊吐氣，一邊放鬆腹部肌肉（帶領者豎起三隻手指）。
5. 再試一次，但這次帶領者不再說話。按照帶領者手指的動作呼吸，孩子自己在心裡默數。吐氣時，記得放鬆身體。

6.（表達重點：數息時，心思是否靜下來了？是否覺得放鬆？你花了多少時間辦到的？你的心思是否馬上又忙碌起來，還是保持靜止？）

**小提示：**

1. 還沒辦法在心裡默數的年幼孩子，可以用手指數息。請他們跟隨你豎起一隻、兩隻、三隻手指。
2. 全家人可以圍坐餐桌旁，輪流帶領三次呼吸。第一個人先豎起一隻手指，然後兩隻，最後三隻手指，默數三次呼吸。坐在第一個人右邊的人接著帶領練習，先豎起一隻手指，然後是兩隻、三隻。以此類推，直到每個人都帶領過一次練習。
3. 鼓勵孩子實驗，利用吸氣提振精神，利用吐氣放鬆與平靜下來。
4. 較大的孩子、青少年與父母可以試著從一數到十（而不是從一數到三）。有些人覺得不要數太多次，效果比較好。試著數到不同的數字，看看做幾次的效果最好。

5. 也可以在吸氣時數「一，一，一」：

- 吸氣時一直默數「一，一，一……」。一邊吐氣，一邊放鬆。
- 重複同樣唸法，默數「二，二，二……」。一邊吐氣，一邊放鬆。
- 持續練習，直到數到十。
- 試著改成在吐氣時數「一，一，一」。

下一個練習透過連續動作，用遊戲方式發展年幼孩子的自我覺察能力，感受自己的身體與周遭人與物體的相對關係。練習前請注意幾點：準備鐘擺時鐘的圖片，讓孩子知道鐘擺長什麼樣子；除了坐在地板上，也可以讓孩子站著或坐在椅子上。

## 孩子浮躁時，覺察身體變化──「時鐘滴答搖擺」練習

像鐘擺一樣左右搖擺身體，一邊唱兒歌，可幫助孩子發展身體覺知，並練習有

限度的搖擺身體。

**生活能力：**聚焦力

**適合年齡：**年幼的孩子

**練習步驟：**

1. （表達重點：時鐘會發出什麼聲音？有人知道鐘擺是什麼、長什麼樣子嗎？）
2. 練習像鐘擺一樣左右搖擺身體。坐著，背挺直，身體放鬆，兩隻手臂垂放在身體兩側，手放在地板上。
3. 大家一起舉起右手，然後把右手放回地板上，身體跟著向右傾斜。身體接著向左擺動，用左手支撐身體重量。接下來再向右擺動。你能感覺自己的身體右、中、左的運動嗎？
4. 現在一邊喊「滴—答」，一邊搖擺身體。「滴—答，滴—答……」
5. 等一下就要停止搖擺身體了，一起喊：「像—時鐘—一樣—滴—答—擺動—直到—我—回到—中心—位置—停。」
6. 回到一開始的姿勢，背挺直，身體放鬆。雙手放膝上，做幾次呼吸。

**小提示：**

1. 遊戲結束後，可接著玩手指「數息」遊戲。當孩子說完「停」，你就豎起一隻手指，讓大家做一次呼吸動作。然後豎起兩隻手指，讓大家再做一次呼吸。當你豎起三隻手指時，讓大家再做一次呼吸。
2. 孩子很喜歡的另一個延伸遊戲是下一章的「漸弱音」練習，適合年幼孩子練習正念傾聽。
3. 也可以讓孩子隨著鼓聲左右搖擺身體。

# 第七章 聚焦式注意力

我們時常提醒孩子「要注意喔」，卻不解釋是什麼意思，或是教導他們該怎麼做。為何如此？因為大人通常不懂注意力的運作方式，即使知道什麼是注意力，也不曾刻意鍛鍊，正念靜心恰好可以彌補這點。

只要你稍微練過，就會知道靜心可以培養兩種非常有用的注意力：第一種注意力比較聚焦，可以幫助我們專心、管理干擾，並立刻切換到客觀的觀點；另一種注意力比較開放與包容，是啟發玩心、創造力與調節情緒的源頭。

我借用奧蘭茲基（Andrew Olendzki）《正念臨床手冊》（*Clinical Handbook of Mindfulness*）的觀點，將兩種運用注意力的方法稱為「聚焦式注意力」與「廣泛式注意力」。

聚焦式注意力就像一道清晰、穩定且集中的光束，能把某個對象照亮。在靜修圈，這個對象被稱作「定位點」（anchor）。讓孩子聚焦於某個定點，排除其他一切的遊戲，就叫「定位遊戲」。定位點可以是一樣東西（一朵花）或是一堆東西（一束花）。

廣泛式注意力就如廣泛、具包容性的光源，照亮並體驗大範圍的變化。運用廣泛式注意力的遊戲就叫「覺察遊戲」。本章先探討定位遊戲，並在第十一章接續探討覺察遊戲。

聚焦式注意力使孩子保持警醒、不分心且聚焦。不過，當孩子運用廣泛式注意力時，同樣會保持警醒、不分心且聚焦，因此兩種注意力並非截然不同，只是為了方便解釋才如此區別。邱陽創巴仁波切（Chogyam Trungpa Rinpoche）是最早把藏傳佛教的觀念翻譯成世俗語言，並帶到西方弘法的先驅。他指出聚焦式注意力（不分心、警醒且聚焦的注意力），占了廣泛式注意力的二五％。因此，若沒有聚焦式注意力，就沒有廣泛式注意力。

這兩種注意力的運作，由名為「執行功能」的互聯神經網絡負責調節，能「由上而下」管控目標導向的行為。換句話說，資訊的處理由大腦開始，相對於「由下而上」的處理方式，也就是資訊的處理從身體感官開始。鍛鍊聚焦力，可使調節執行功能的神經網絡變得愈來愈強大。如同舉重可強化身體肌肉，心智訓練也可以使新的神經路徑增生，同時強化既有的神經路徑。這正是科學家所謂的「神經可塑性」（neuroplasticity）。

神經可塑性指的是，大腦的神經元與神經網絡，具有因應經驗發生變化的能力。神經學家經常這麼描述神經可塑性：「神經元一齊開火，一齊串連」；換句話說，孩子愈常使用某條神經網絡，神經可塑性的效果就愈顯著。

執行功能與孩子的學業、社交和情緒表現高度相關，也主管孩子經常使用的核心能力，例如記住資訊、自我調整情緒、留意與轉移注意力。當孩子在玩看似簡單的遊戲，例如「紅綠燈」、「頭兒肩膀膝腳趾」與「老師說」，需要集中注意力、記住規則，並展現控制能力，其實就是在發展核心的執行能力。

## 加強注意力三步驟：聚焦對象↓覺察分心了↓拉回感官覺知

目前關於孩童與青少年的研究還不多，但已經發表的研究顯示，正念靜心訓練也有助於激發執行功能。一項最早的研究是由「內在小孩」（Inner Kids）計畫發表。該研究計畫由斯莫利博士主持，刊登在《應用學校心理學期刊》（*Journal of Applied School Psychology*）在，隨機挑選六十四位在教室情境的二年級與三年級學生為研究對象。

蓋拉（Brian Galla）博士與布雷克（David Black）博士在《正念教育手冊》（*Handbook of Mindfulness and Education*）寫道（我也貢獻本段部分內容）：

相較於對照組，接受「內在小孩」訓練的孩子，自我調整能力有顯著提升。家長也觀察到孩子的變化，這表示孩子自我調節力的提升會擴散到學校以外的情境。根據老師與家長的報告，初期自我調節能力較低的孩子，在接受「內在小孩」訓練後，主動從事活動、在不同活動間轉移，以及留意自己活動表現的能力，皆有長足進步。有趣的是，這三方面能力的提升，類似正念訓練時練習的能力，包括把注意力集中於身體感官覺知（主動性）、長時間保持專注（留意），以及在注意力游離後，重新拉回到感官覺知上（轉移）。本研究的結果雖然只在初步階段，但仍提供了有趣的證據，證明正念訓練對於自我調整力相對較弱的孩子特別有幫助。

「定位遊戲」透過讓孩子聚焦於某個對象、覺察到自己分心了，以及把注意力重新拉回對象上，來強化孩子運用注意力的能力。父母帶領時，很自然的會使用定位點、專心與分心等字眼。因此，家長最好在練習之前，先定義這些詞彙，可以說：「定位點是你集中注意力的對象，就在你四周。當你把注意力集中在定位點上，就是專心。當注意力飄走了，就是分心。」

「丟掉猴子」是很有用的視覺示範練習，教導孩子在玩定位遊戲時，思緒、情緒與種種感覺要是浮現腦海，該怎麼辦。這也是很好用的團體帶領工具，用在反思式練習結束後的討論時間，為討論注入幽默感，變得更好玩。利用「猴子桶」（Barrel of Monkeys，一種玩具，桶子裝滿塑膠猴子，猴子的左右手可互相連結，形成一串，曾在動畫「玩具總動員3」〔*Toy Story 3*〕出現）玩具當作道具，用好玩的方式將猴子比喻成把孩子注意力奪走的念頭。

### 幫助孩子發現自己分心了——「丟掉猴子」練習

將彩色塑膠猴子玩具做成一串猴子鍊，示範如何察覺念頭的出現，並任其自由離開。

**生活能力：**聚焦力、洞察力

**適合年齡：**年幼、較大的孩子

**練習步驟：**

1.（表達重點：有時你沒辦法把注意力集中在眼前的事上，而是想著過去發生的事，或是將來可能發生的事。你可以舉出例子嗎？）
2. 每一隻猴子代表一個搶走我們注意力的念頭、情緒或感覺（帶領者拿起一隻猴子，並舉出曾經分心的例子）。
3. 現在換你們告訴我一個例子。每想到一件分心的事，我就加一隻猴子到這條鍊子裡（讓孩子提供三到四個例子，每得到一個例子，就加一隻猴子到猴子鍊裡）。

4. 我們可以把所有猴子都丟掉，對不對？不需要一切讓人分心的念頭和情緒，就把猴子全丟掉吧（把猴子丟回桶子）。

5. 再玩一次。你能想到更多例子嗎？

**小提示：**

1. 帶領年幼的孩子時，猴子桶比較像是玩具，但在帶領年紀較大的孩子（與成人）時，猴子桶也是很有效的視覺輔助工具。

2. 可在示範結束時加進討論，做為延伸。（表達重點：心思離開現在，飄移到過去或未來的情況時常發生嗎？你的念頭與情緒會保持不變，還是會隨著時間改變？）

3. 本遊戲可幫助孩子把分心的情況轉變為獲得成就的例子。舉起猴子鍊並問孩子，發現自己分心時，代表什麼？孩子會大聲說「正念」！因為他們知道自己的心思此刻在何處。

4. 孩子偶爾會提出嚴肅的主題，值得大家進一步探討；如果時間與場地合適，可趁機與孩子討論令他們困擾的事。但孩子有時會在不適當的時機提出敏感話題，當以上情況發生時，先讓孩子知道你聽到了，然後轉換語調與討論主題，但一定要另找適當時間和地點，和孩子私下討論。

接下來，年幼的孩子要留意自己最能感覺到呼吸動作的身體部位，例如鼻子附近、胸口，或是肚子，然後選擇一個呼吸定位點。

## 集中注意力前，先找呼吸定位點──「呼吸定位點」練習

留意自己最能感覺到呼吸動作的身體部位，例如鼻子附近、胸部或腹部，用定位方法幫助放鬆，並聚焦當下。

**生活能力：**聚焦力

**適合年齡：**所有年齡

**練習步驟：**

1. 坐著，背挺直，身體放鬆，雙手輕輕放膝上，想閉上眼睛也可以。留意吸氣與吐氣的感覺。
2. 把一隻手指放在鼻子下方，感覺氣息進出身體，你能感覺到嗎？
3. 接下來，把手放在胸口心臟的位置。當你呼吸時，能感覺到手上下起伏嗎？
4. 現在把手放在腹部，感覺腹部的呼吸動作。
5. 把手放回膝蓋上，自然呼吸。留意你最能感覺到呼吸動作的身體部位，是在鼻子下方、胸部，還是腹部？
6. 接著把注意力放在最能感覺到呼吸動作的部位。不論選擇哪個部位，這就是你的「定位點」。利用定位點進行接下來的遊戲，如有需要，給孩子時間再確認一次。
7. 做幾次呼吸練習，身體放鬆，同時稍微把注意力放在定位點上。透過感覺呼吸的動作，幫助自己平靜下來。

**小提示：**

1. 也可以躺著或站著練習。
2. 帶領一個以上的孩子時，要告訴孩子，當選好定位點時，把一隻手放在頭上。等待所有人都選好定位點，再繼續進行。
3. 練習一開始，也可以讓孩子掃描自己的身體狀態。例如，感覺眼睛閉上了，感覺肩膀放鬆了，感覺雙手放在膝蓋上，感覺雙腿碰到地板或椅子。
4. 如果孩子練習安靜坐著已經有一段時間，可在練習結束後，加入幾分鐘的正念呼吸練習。
5. 你可以將遊戲稍加變化，請孩子選擇其他單純且中性的對象當作定位點，例如某個聲音、感官覺知，或是數數。

另一個常用的定位點是聲音。在下一個遊戲中，讓年幼的孩子聽一個由強逐漸變弱的聲音。就和其他定位遊戲一樣，「漸弱音」有助於培養聚焦力，同時帶出「凡事皆會改變」的主題。遊戲結束時，你可以問孩子，「聲音發生了什麼變化？」

## 聲音也可當作定位點──「漸弱音」練習

仔細聽一個逐漸變弱的聲音，幫助放鬆與聚焦。

**生活能力：**聚焦力

**適合年齡：**年幼、較大的孩子

**練習步驟：**

1. 坐著，背挺直，身體放鬆，雙手輕輕放膝上，想閉上眼睛也可以。
2. 當帶領者敲鈴時，聽鈴聲變得愈來愈小聲。覺得鈴聲停止時，也就是再也聽不到鈴聲時，把手舉起來。
3. 我會敲好幾次鈴，有時候鈴聲很短，有時很長。仔細聽，才可以在鈴聲停止時立刻舉手。
4. （表達重點：聽鈴聲是什麼感覺？你現在有什麼感覺？身體放鬆了嗎？心思很忙、還是很平靜？你覺得鈴聲消失之後，跑去哪裡了？）

**小提示：**

1. 第一回練習結束後，你可以用靜默的方式，以肢體動作再帶一次遊戲：
    - 把手放在腹部，好像在感覺自己的呼吸，這會使孩子跟著重複你的動作，同時讓孩子知道遊戲已經開始了。等所有人都準備好，再進行下個步驟。
    - 敲一下鈴，把手放在耳後，用動作讓孩子知道要注意聽鈴聲。
    - 當孩子覺得鈴聲停止時，就會舉起手。等待所有孩子都舉起手，再進行下一個動作。你可以在鈴聲停止時舉手，藉此提醒孩子要舉手。
    - 重複以上流程兩次（共進行三次）。
2. 適合全家人圍坐在餐桌一起玩。
3. 孩子聽到的鈴聲停止時間會不同。
4. 本練習可做為「時鐘滴答搖擺」練習的延伸。當孩子的身體回到中央，不再搖擺時，就可以開始敲鈴。
5. 下列是延伸遊戲或加以變化的幾個方法：
    - 讓孩子睜開眼睛。在他們面前放一樣東西做為注意力焦點，例如一塊平滑的石塊。

- 將鈴聲加以變化。你可以用手摸鈴，讓鈴聲提前停止，或是大力敲鈴，讓鈴聲變長。鈴聲的長度控制在孩子能專注的時間範圍內；當孩子不耐煩時，就讓鈴聲停止。
- 一次敲好幾次鈴，要孩子數鈴聲。
- 加入其他聲音，例如音叉、沙鈴或是其他樂器。問孩子聽到了幾種聲音，並請他們描述自己聽到的聲音。然後讓他們猜猜，聽到的聲音是哪個樂器發出的。

要孩子長時間安靜坐著，其實有點強人所難。因此，讓孩子有機會伸展、搖擺或做出一致動作的遊戲是非常重要的。以好玩的方式，有效幫助孩子注意到身心之間的連結。

讓孩子與別人做出同樣動作的遊戲式覺知活動，可以幫助孩子界定自己的身體界線；例如，在有些遊戲中，年幼的孩子可以和別人或某個東西靠得很近，但不會碰觸到對方。年紀較大的孩子與青少年在長時間靜心之前，先做一些動態遊戲也很有幫助，可以讓心靜下來。以正念為基礎的動態活動，不只能讓孩子伸展與動一動身體，還能幫助孩子發展自我調整力，讓難以平靜下來的人有機會順利靜下心來，同時讓每個人有機會釋放多餘能量。

接下來三個定位點遊戲都涉及動態活動，可以同時培養聚焦式注意力。在「安靜慢慢走」中，孩子把注意力放在踏出步伐時腳部與腿部的感覺。帶領者要在大約相距二公尺的兩端，用封箱膠帶或物品當作起點與終點。請孩子聽到鈴聲，就開始向前走。如果沒有鈴可敲，可改用口令告訴孩子開始向前走。

### 覺察身心連結——「安靜慢慢走」練習

用心慢慢走路。每踏出一步，就仔細感受腳和腿的感覺。

**生活能力：**聚焦力

**適合年齡：**所有年齡

**練習步驟：**

1.（重點表達：從起點線開始，非常緩慢的向前走到終點線。走路時，仔細感受腳踩在地板的感覺。眼睛向下看，比較容易專心。）
2. 站在起點線前面，背挺直，膝蓋微彎，肌肉放鬆。當帶領者敲鈴時，就用很慢的速度向前走（敲一下鈴）。
3. 每踏出一步，留意每隻腳的感覺。有感覺到你的腳後跟、前腳掌，以及腳趾頭嗎？
4. 走到終點線時，慢慢轉身，等待下一次敲鈴。聽到鈴聲後，再次走向對面。等待的空檔，把注意力集中在呼吸上（再次敲鈴，繼續進行練習，直到孩子失去興趣）。

**小提示：**

1. 沒有膠帶與敲鈴工具也沒關係，可以用任何方式為起點與終點做記號，也可以用拍手、彈指或口令讓孩子起步走。
2. 偶爾要提醒孩子留意腳與腿的感覺，可幫助他們不分心，也可以安撫躁動或心情不好的孩子。

3. 練習過幾次後，請孩子留意走路時把腳「放下」與「抬起」兩個部分。

4. 稍後，請孩子留意走路的三個部分：把腳「放下」、「抬起」、「跨出去」。

5. 孩子不需要起始記號也能進行練習。當他們多玩幾次後，就能走更長的距離。例如，可以在走廊上或是在大自然裡練習。

「氣球手臂」遊戲能幫助孩子覺知身體在空間中的動作，了解自己的身體與別人（手臂、雙腿、雙手與手肘）和物體（桌子、椅子、花瓶）之間的關係，以及動作的特性（緩慢、快速、流暢、斷斷續續）。接下來兩個遊戲都有助於培養自我覺察。

在「氣球手臂」遊戲中，當孩子將手臂上下或前後移動時，請他們把注意力放在手臂的感官覺知上。

## 覺察自己與別人的關係——「氣球手臂」練習

所有人一起舉起手臂，慢慢的上下或前後移動，以此鍛鍊聚焦力。

**生活能力：**聚焦力

**適合年齡：**年幼、較大的孩子

**練習步驟：**

1. 氣球充氣，就會變大，把氣放掉，就會變小。
2. 手臂向上移動，就像氣球正在充氣，接著向下移動，就像氣球慢慢洩氣，變得愈來愈小（由帶領者示範，兩個手掌放在頭頂上，雙手手指相碰。手指不要分開，手臂向上舉起，模擬氣球充氣的樣子，然後把手臂放下，模擬氣球洩氣的樣子）。
3. 孩子跟著一起做。做動作時，請孩子仔細留意手臂、上背部與脖子的感覺。
4. 多練習幾次。

**小提示：**

1. 孩子玩過幾次後，改由他們帶領動作。
2. 使用一個氣球當輔助工具。
3. 可以改變動作方向。先把雙手放在胸前，手臂向前後移動（遠離胸前，回到胸前）。
4. 也可以讓孩子隨著呼吸做動作（當氣球充氣時吸氣，當氣球洩氣時吐氣）。不連續做超過三到四次，因為有些孩子會頭暈。

帶領孩子學習樹懶的緩慢動作，以發展聚焦力。運用艾瑞・卡爾（Eric Carle）的繪本《好慢、好慢、好慢的樹懶》（*"Slowly, Slowly, Slowly," Said the Sloth*）來練習，可增添不少樂趣。不使用繪本也沒關係，可以直接請孩子在緩慢移動一隻手臂或一條腿時，聚焦於身體感覺的變化。

## 慢動作深化覺察——「好慢、好慢，像樹懶一樣」練習

一邊做慢動作，一邊留意身體的感覺，以此練習聚焦力。

**生活能力：**聚焦力

**適合年齡：**所有年齡

**練習步驟：**

1. 大家一起試著用很慢的速度做動作（帶領者先示範用慢動作舉起手臂，同時告訴孩子肩膀、背部與頸部有什麼感覺）。
2. 準備好了嗎？請先確定四周有足夠的活動空間，不會撞到任何人或東西。
3. 先很慢的抬起一條腿。腿在動時，留意全身的感覺，不只是腿部的感覺。
4. 慢慢把腿放下。接著趴在地上，用慢動作把兩隻手放在地板上。保持這個動作，留意身體的感覺有沒有變化。
5. 慢慢站起來，用慢動作左右轉動你的頭。轉頭時，留意脖子有什麼感覺。身體其他部位也有感覺嗎？把眼睛閉上，身體有什麼感覺？

**小提示：**

1. 本遊戲與「氣球手臂」是讓孩子練習聚焦力的好方法。當孩子正在排隊，或是轉換到另一個活動時，很適合利用空檔玩。
2. 這兩個遊戲也給孩子機會輪流帶領別人。
3. 假如要運用艾瑞・卡爾的經典繪本《好慢、好慢、好慢的樹懶》來教導年幼的孩子如何做慢動作，可參考下列方法：

- 告訴孩子，你要說一個故事給他們聽，故事中會出現很多次「好慢、好慢、好慢」，只要他們聽到你說「好慢、好慢、好慢」，就要用慢動作舉起一隻手臂。鼓勵孩子仔細留意手臂、肩膀、背部與脖子的感覺。
- 示範動作的同時告訴孩子，當你用慢動作舉起手臂時，身體有什麼感覺。然後開始讀繪本故事給孩子聽。
- 每當你說到「好慢、好慢、好慢」時，就慢慢舉起手臂，孩子會模仿你的動作。
- 當你讀到花豹問樹懶，「你為什麼這麼懶惰？」時，暫停一下，並問孩子，「樹懶的動作很慢，是因為他很懶惰嗎？」先讓孩子回答，再翻到下一頁，告訴孩子樹懶的反應。
- 最後一次讀到「好慢、好慢、好慢」時，一樣用慢動作舉起手臂作結。

孩子與父母剛開始練習靜心時，通常會先接觸正念呼吸，以呼吸的感官覺知做為定位點。有些人覺得聚焦於呼吸很容易，有些人覺得很難。有時候，原本喜歡用呼吸做為定位點的人，會對此感到厭煩，或是發現不再管用了。以上反應都很正常，因此，多嘗試幾種注意力定位點非常重要。

動作、感官覺知、聲音、圖像和語言，都是非常容易取得的定位點，有助於培養聚焦力。另一個常用的定位技巧是輕鬆凝視某個對象。我一開始教我兒子練習正念時，我們會坐在軟墊上，看著一隻黃色小鴨。當他看膩了，就把黃色小鴨換成鮮綠色的塑膠青蛙。當他長大一點時，就改成凝視一顆平滑的石頭。

# 第八章
# 平靜的心

當孩童與青少年進行視覺想像時，往往把注意力鎖定在腦海中某個意象，以及某種感官覺知。由於過程中孩子需聚焦於一樣東西，同時把一切排除在外，因此，視覺想像的定位遊戲，有助於培養聚焦力與聚焦式注意力。

本章的視覺想像以慈心練習為基礎。慈心練習是傳統靜心原則的核心要素，可激發對眾生的深刻感恩之心，同時孕育同理心與慈悲心，為定位遊戲增添更深層的意義。

## 幫助年幼的孩子表達善意──「想像擁抱」練習

想像自己與家人、朋友待在一個平靜祥和的地方，畫面中的每一個人都快樂、健康又開心。

**生活能力：**聚焦力、關懷力

**適合年齡：**年幼的孩子

**帶領遊戲：**

1. （表達重點：假裝你正在做別的事或正在別的地方，是什麼意思？擁抱你關心的人，是什麼感覺？假如你想抱的人不在身旁，你能給他們一個想像中的擁抱嗎？）
2. 坐著，背挺直，身體放鬆，雙手輕鬆放膝上。閉上眼睛，做幾次呼吸（帶領者則要對孩子說：「我不會閉上眼睛，我會看著整個房間。」）。
3. 想像一個你想和家人朋友一起去的地方，那裡很平靜、很祥和，可以是你知道的地方，像是你家後院或附近公園，也可以是你知道但不曾去過的地方，像是其他國家，或是一個想像中的地方，像是小熊維尼的百畝森林。帶領一個以上的孩子時，請孩子選好地點後，把手放在頭上。等到所有人都選好再進行下一步。

4. 想像在那裡可以感覺到、看到、摸到、聽到、嘗到或聞到的某樣東西，也許是聞到了正在烤箱裡烘烤的巧克力碎片餅乾香氣，或是聽到瀑布的水噴濺在岩石上的聲音。

5. 請孩子祝福自己。給自己一個緊緊的擁抱，想像自己在那個平靜祥和的地方正玩得開心，然後在心裡對自己說類似這樣的話：「我希望今天能過得很開心。我希望和朋友可以過得很開心。」也可以選擇其他祝福語，用自己的話在心裡祝福自己。

6. 請孩子給喜歡的人一個想像中的擁抱。兩隻手臂在胸前圍成圓圈，做出環抱動作，想著你想擁抱的人。想像這個人正在你身旁。想像對方向你露出微笑，你們彼此擁抱。然後在心裡說類似這樣的話：「我希望你很快樂，今天過得很開心。我希望你擁有你需要的一切。」

7. 問孩子，想邀請其他人到這個平靜祥和的地方，並擁抱他們嗎？請孩子打開手臂，讓每個人都能進入臂彎。想像所有人都露出微笑，一同歡笑，想像自己把所有人抱在懷裡。然後在心裡傳送祝福，像是：「我希望所有人都快樂、健康又強壯。希望你們今天過得很開心，而且都能感受到家人和朋友滿滿的愛。」

8. 再把手臂張開些，請孩子想像整個地球都很平靜祥和。擁抱整個地球，並在心裡說：「我希望每個人都很快樂。我希望所有人都健康又平安，內心平靜又滿足。」可以在心裡送出祝福，或是用自己的話說。

9. 睜開眼睛，把雙手舉高，深吸一口氣。吐氣時，慢慢把手放下來。

10. （表達重點：給自己一個擁抱，並祝福自己，是什麼感覺？給別人一個想像中的擁抱，並祝福他們，又是什麼感覺？）

**小提示：**

1. 孩子睜開眼睛時，往往很難想像任何東西；但有些孩子會害怕閉上眼睛，尤其在人多的房間。因此才建議你對孩子說，你不會閉上眼睛，會看著整個房間。

2. 孩子心情不好時，可以試著給自己一個擁抱，安撫自己。你可以加入自我安撫的感官練習：讓年幼的孩子拍拍自己的背，恭喜自己把某件事做得很好。孩子可以在玩這個遊戲、完成某件事（做完功課或是在廚房裡幫忙）之前或之後這麼做。

3. 可利用遊戲之後的討論時間，提醒孩子運用其他感官體驗安撫自己，回復平靜，像是唱歌或聽音樂（聽覺）、洗個泡泡浴（感覺）、慢慢吃美味的食物（味覺）、在大自然裡散步（視覺），或是把手放在胸口，感覺自己的呼吸（感覺）。

「想像擁抱」練習是我引導年幼孩子送出祝福的首選，若是帶領年紀較大的孩子與青少年玩善意遊戲，我會從接下來的視覺想像遊戲著手。

在此也提醒父母，帶領善意遊戲時，孩童與青少年很容易產生誤解，以為父母要他們改變原先對某個人或某一群人的看法，換句話說，會以為父母要孩子去喜歡某個他們不喜歡的人。然而，善意視覺想像從來不要求孩子改變本來的感受，只會鼓勵他們敞開心胸。如同「人生很美好」與「三件好事」這類感恩遊戲，可培養全觀思維，並將日常祝福融入每日大小挑戰中，善意遊戲也鼓勵孩子同時擁抱看似矛盾的觀念。

記得提醒孩子，他們可以基於許多合理的理由不喜歡別人，或是遠離打從心裡無法尊敬或對他們不好的人。重要的是，他們可以對同一個人有多種不同的感覺，也可以祝福某個人，即使不喜歡或無法尊敬他。

不論年紀多大，練習善意視覺想像時，都可能引發令人招架不住的強烈情緒。因此，最好不要違背孩子或青少年的意願，強迫他們祝福別人。但可建議孩子在進行其他練習之前，嘗試一些替代性的善意視覺想像遊戲。

很難做到善意視覺想像或坐不住的孩子，可以嘗試「每一步都送出善意」；第十三章的「祝福全世界」則適合年幼的孩子，如祝福可愛的動物，可使善意視覺想像的概念更容易被孩子接受。如果孩子或青少年還是不喜歡替代遊戲，也沒關係，就先進行其他活動，或是稍後會提到的人際關係正念遊戲。

## 就算不快樂，也可以祝福別人——「溫暖祝福」練習

想像每個人都很快樂、平安、健康，過著和平的生活，以此練習表達善意與保持專注。

**生活能力：**聚焦力、關懷力

**適合年齡：**所有年齡

**練習步驟：**

1. 全身平躺，腿伸直，雙手放在身體兩側，想閉上眼睛也可以。
2. 感覺頭輕靠在地板或枕頭上；感覺手臂和手掌輕鬆放在地板上；感覺背部、雙腿與雙腳都放鬆了。
3. 送出你的祝福（引導孩子進行以下步驟的視覺想像，也可以你的方式表達類似概念）。
4. 想像自己很快樂，正在微笑，甚至大笑，玩得很開心，即使現在並不覺得開心也沒關係。只要想像自己在大笑，和朋友一起玩，或是做你喜歡的事就好。

5. 在心裡說類似這樣的話：「我想要覺得很快樂，也想幫助別人。我希望我既健康又強壯。我希望我覺得平靜與滿足。我想要感受到很多很多愛。」你可以照著說，或是選擇其他祝福語，用自己的話在心裡說。

6. 想像你的祝福產生溫暖的感覺，當你留意到內在的變化時，就會愈來愈暖和。想像心臟附近漸漸湧出一股暖流，在你默默送出祝福的同時，流向了手指、腳趾和頭頂，暖意盈滿全身。

7. 想像這股暖流帶有顏色，可以是任何你喜歡的顏色，或許是藍色、紅色或黃色。想像美麗的顏色充滿全身，而且從手指與腳趾溢出，填滿整個房間。

8. 想像房間裡其他人也能感受到這股暖意，看見美麗的顏色，他們正在微笑，而且很快樂。你在心裡對他們說：「我希望你既強壯又健康。我希望你覺得平靜、平安與滿足。我希望你擁有你需要的一切，而且感受到很多很多愛。」在心裡重複說出祝福，或是選擇其他的祝福，用自己的話在心裡對他們說。

9. 想像你所創造的安適、溫暖，而且帶有美麗色彩的感覺，不斷向外擴散，溢出房間。想像這股暖流不斷向外擴散，直到包覆地球上每一個人和所有一切。想像你想祝福的對象，都能感受到這份祝福。想像他們因為接收到你的祝福，而對你微笑。在心裡對他們說：「我希望你很快樂，並且擁有你需要的一切。我希望你強壯又健康。我希望你感受到被愛、被重視、被照顧的感覺。我希望你覺得心滿意足。」你可以照做，或是選擇其他祝福語，用自己的話在心裡說。

10. 當你準備好了，就睜開眼睛，再次感受身體躺在地上的感覺。慢慢坐起，結束練習。做一次深呼吸，留意身體的感覺。

11. 表達重點：你想送給別人、整個地球和你自己哪些祝福？送出祝福時，你有什麼感覺？

**小提示：**

1. 第一部介紹靜心力時，曾要孩子想一想身心互相影響的各種方式。在與孩子討論善意練習時，可以順帶一問，送出祝福之前與之後，是否有不同感覺。

下一個遊戲是為年幼孩子設計，有助於激發同理心與慈悲心。

先從培養聚焦力的專注遊戲開始，以呼吸做為定位點，然後轉變為培養聚焦力的善意視覺想像遊戲，以腦海中的意象為定位點。請先準備可以放在孩子肚子上的填充玩偶，或是其他柔軟、稍微帶點重量的物品，例如枕頭、懶骨頭抱枕或是軟墊。

## 結合專注力與表達善意——「祝福搖籃曲」練習

用上下起伏的肚子，假裝搖玩偶入睡，以此放鬆身體，讓思緒沉澱。吸氣時，玩偶的位置會上升；吐氣時，玩偶的位置會下沉。

**生活能力：**聚焦力、關懷力

**適合年齡：**年幼的孩子（若對象為年紀較大的孩子與青少年，會做適度調整）

**練習步驟：**

1. 全身平躺，腿伸直，雙手放在身體兩側，想閉上眼睛也可以。把一個填充玩偶放在孩子的肚子上。若對象為較大的孩子或青少年，可用枕頭、軟墊或其他柔軟、帶點重量的物品代替玩偶。

2. 感受頭輕觸地板的感覺。感受肩膀、上背部、手臂、手掌、下背部、兩條腿和兩隻腳的感覺。拍拍肚子上的玩偶，留意身體的感覺。

3. 留意吸氣和吐氣的感覺，一呼一吸，讓玩偶上下起伏。問孩子，像這樣躺著休息時，身體和心裡的感覺有什麼變化嗎（進入下一個步驟前，先等待一至三分鐘）？

4. 如果注意力很難集中在呼吸上，可以教孩子，每當玩偶向上升時，在心裡說「上」，每當玩偶向下沉時，在心裡說「下」。

5. 再次檢視身體的感覺。感受頭接觸地板的感覺；感受肩膀接觸地面的感覺；感受上背部、手臂、手掌、下背部、兩條腿和兩隻腳的感覺。

6. 用祝福結束練習。先從自己開始。在心裡說出祝福，或是選擇其他祝福，用自己的話在心裡說：「我想要做一個快樂、有助人之心，而且強壯的人。我希望和家人朋友過得很開心。」

7. 接下來，想像一個你想要祝福的人，當你準備好了，就在心裡說：「我希望你很快樂、健康又強壯。我希望你今天心情平靜，並且與你的家人朋友一起過得很開心。」你可以跟著說，或是選擇其他祝福語，用自己的話在心裡對那個人說。

8. 問孩子，還想祝福其他人嗎？在腦海裡想著他們，並在心裡說：「我希望你快樂、強壯與健康。我希望你覺得平靜與平安。我希望你今天一切順利。」在心裡重複說出這些祝福，或是選擇其他的祝福，在心裡祝福你的家人與朋友。

9. 接著祝福全世界的人。用你自己的方式，在心裡說出類似這樣的話：「我希望每個人都很快樂、健康、平安，而且過著平和的生活。」

10. 睜開眼睛，再次感受身體躺在地上的感覺，慢慢坐起。雙手高高舉在空中，深吸一口氣。吐氣時，慢慢把手放下。

下一個練習是「祝福不喜歡的人」。然而，靜心者不論年紀多大，往往覺得要祝福自己有點困難，也覺得要祝福對自己不好的人很困難（假若不是辦不到的話）。

對於有此困擾的孩子，「洛杉磯頓悟機構」（InsightLA）創辦人與靜心導師古德曼（Trudy Goodman）博士，提供了一個重新看待本練習的創新方法。當孩子明白，祝福別人是為自己好，而非為了討好討厭的人，就比較能接受用簡單的方法，放下種種痛苦的感覺，如無助、憤怒或挫敗等，並感到如釋重負。

古德曼還強調：當我們不喜歡的人變得比較快樂且有自信時，可能就不再那麼難相處了。「祝福不喜歡的人」，不代表孩子必須改變對他人的看法，或應該要喜歡他們不喜歡的人。同樣重要的是，這也不代表如果孩子與自己不喜歡的人相處，情況就會改善。可利用遊戲後的討論時間提醒孩子，和難相處的人保持距離是明智之舉，尤其是不懷善意或總是做出損人不利己決定的人。

帶領以下練習之前，要先留意，年幼的孩子還沒有能力分辨，祝福一個人與喜歡一個人的差別。鼓勵青少年與較大的孩子，選擇一個他們覺得「很煩」或常「惹火」他們的人為對象，而不是選擇帶給他們強烈負面情緒的人為對象。同時提醒孩子，最煩、最常惹火他們的人，有可能正是他們最愛的人。這或許可以幫助總是覺得手足很煩的孩子，從新的觀點看待自己的手足。

## 孩子爭執不下時——「祝福不喜歡的人」練習

想著一個「不喜歡」的人，並祝福他。

**生活能力：**審視力、關懷力、連結力

**適合年齡：**年紀較大的孩子、青少年

**練習步驟：**

1. 躺在地上，或坐著，閉上眼。
2. 想著一個你覺得不好相處、但仍然願意祝福他的人。
3. 想像你覺得很快樂。想像你正在微笑、大笑，而且很開心，就算不覺得快樂也沒關係，只要想像自己正在大笑、與好朋友玩在一塊，或是正在做你喜歡的事就好。
4. 接下來，用你自己的方式，在心裡說類似這樣的話：「我想要覺得快樂。我想要感覺健康又強壯。希望能感受到很多愛，而且覺得滿足與平靜。」
5. 想像你的祝福產生溫暖的感覺，當你留意到內在的變化時，就會愈來愈暖

和。想像心臟附近漸漸湧出一股暖流，在你默默祝福自己的同時，流向手指、腳趾、臉部和頭頂。想像這股暖流帶有顏色，你可以清楚看見這個顏色從你的心向外擴散，盈滿全身，充滿整個房間。

6. 把心思拉回來，重新想著那個你覺得不好相處、但仍然願意祝福他的人。記住，你不需要改變你對他的看法。用你自己的方式，在心裡對他說類似這樣的話：「我希望你健康又滿足。我希望你很平安，而且心情平靜。」選擇你覺得可以接受的說法與祝福，在心裡不斷祝福這個人。

7. 睜開眼睛。如果你躺著，就慢慢坐起來。做一次呼吸，留意身體的感覺。

8.（表達重點：在你送出祝福之前，你有什麼感覺？要這麼做很容易、還是很困難？向你不喜歡的人送出祝福之後，你有什麼感覺？你對那個人的看法有改變嗎？）

練習送出祝福不一定要待在安靜的房間，也沒有一定得乖乖坐好不動。在超市推著堆滿日用品的購物推車、搭乘擠滿人的火車，或是開車等紅綠燈的空檔，家長都可以練習。孩子也可以在排隊領午餐、搭乘校車，或是看籃球賽時練習。此外，每個人都可以在人行道上行走時，或是坐在戲院裡等電影開演時練習。

在第七章「安靜慢慢走」練習中，已引導過孩子一邊用心走路，一邊把注意力集中在腿與腳的感官覺知上。下一個遊戲「每一步都送出善意」，孩子同樣安靜、緩慢且用心在走路，但每踏出一步，就要送出祝福。

在這兩個遊戲中，孩子會在起點與終點線之間來回走動，建議你用膠帶做起點與終點的記號，以鈴聲當作開始走的信號。沒有也沒關係，你可以用任何東西代表起點與終點，也可以用口令叫孩子開始向前走。

## 一邊走路，也能一邊做善意練習──「每一步都送出善意」練習

用心慢慢走路。每踏出一步，就在心裡默默送出祝福。

**生活能力：**聚焦力、關懷力

**適合年齡：**所有年齡

**練習步驟：**

1. 從起點線慢慢走向終點線。每踏出一步，就在心裡送出祝福。眼睛看地上較容易專心。
2. 帶領者一敲鈴，孩子就開始慢慢走向終點線（敲鈴）。
3. 每踏出一步，就在心裡祝福自己。「我想變得快樂又強壯。我希望感到平靜與滿足。希望過去的傷痛趕快消失。」你可以照著說，或是選擇你可以輕鬆說出口的祝福語，在心裡對自己複誦。
4. 走到終點線後，慢慢轉身，等待下一次鈴響。聽到鈴聲就開始向前走。等待的空檔，繼續在心裡祝福自己。
5. 接著走回起點線。這一次，每踏出一步，就在心裡祝福你愛的人。用你自己的方式，說出類似這樣的話：「我希望你很快樂。我希望你很平安、強壯又健康。」走到起點線後，慢慢轉身，等待下一次鈴響。聽到鈴聲就開始向前走。等待的空檔，繼續在心裡祝福那個人。
6. 再做一次。這一次，每踏出一步，就在心裡祝福一個你不太熟的人，或是完全不認識的人。用你自己的方式，說出類似這樣的話：「我希望你很滿足。

我希望你擁有需要的一切。」當你走到終點線時，慢慢轉身，等待下一次鈴響。聽到鈴聲就開始向前走。等待的空檔，繼續在心裡祝福對方（提醒：帶領年幼的孩子時，省略步驟7，直接跳到步驟8）。

7. 這一次，當你走回起點線時，每踏出一步，就在心裡祝福某個你覺得難相處的人，但不要勉強自己。選擇一個你覺得「很煩」或常「惹火」你的人祝福，不要選擇帶給你強烈負面情緒的人。用你自己的方式，說類似這樣的話：「我希望你很快樂。我希望你覺得平靜與滿足。」選擇你可以接受的說法與祝福，在心裡祝福對方。不想祝福不喜歡的人也沒關係，改為選擇別的對象，或是祝福你的寵物或你自己。走回起點線時，慢慢轉身，等待下一次鈴響。等待的空檔，繼續在心裡送出祝福。

8. 最後，每踏出一步，就在心裡祝福整個地球，以及地球上的每個人和所有生物。用你自己的方式，說類似這樣的話：「我希望每個人都快樂、健康與平安。希望每個人都很強壯，可以和平共處。希望每個人都擁有需要的一切。」練習幾次之後，帶領者就不需再做起點與終點記號，孩子也能夠在更長的距離之間來回走動。

**小提示：**

1. 可以更動遊戲主題，將「善意」改為「感恩」，進行「每一步都心懷感激」。依循相同的步驟，但讓孩子每踏出一步，就在心裡對心懷感激的某個人（或某件事）說「謝謝」。

愈來愈多研究顯示，傳統慈心練習會對成人產生長久的正向影響。《快樂的軌跡》（*The Happiness Track*）作者、史丹佛大學同理心與「利他研究教育中心」（Center for Compassion and Altruism Research and Education）的賽普拉（Emma M. Seppala）博士，在《今日心理學》（*Psychology Today*）的線上雜誌，發表一篇實用又淺顯易懂的評論。文章提及的最新研究，正是關於善意視覺想像練習對成人的影響。

該研究發現，善意視覺想像練習可以改善：(1) 情緒商數，因為可激發同理心與大腦的情緒處理歷程；(2) 壓力反應，並減少端粒耗損。位於染色體末端的端粒長度與老化有關，壓力會使端粒變短，加速老化；(3) 社會聯繫，使我們更樂於助人，更有慈悲心與同理心，減少對他人的偏見，以及提升社會連結度；(4) 自重自愛，可停止無止境的自我批判；(5)幸福感，可強化正面情緒、減少負面情緒，以及提高迷走神經張力。靜心力單元曾提過，迷走神經這種複雜的腦神經，有時被稱作是人體最重要的神經，與社交參與度和心理幸福感息息相關。

善意視覺想像練習的內在發展進程，也就是孩子先祝福自己，再祝福他人與社群，乃是依循先前提到的ABC要素發展順序，也就是始於自我覺察，注意力與情緒平衡發展後，才開始覺察他人，並慢慢生出慈悲心。孩子先向內對焦，檢視內在發生了什麼事，才能生出能力，察看周遭發生的事物全貌。「溫暖祝福」遊戲把孩子向內與向外對焦的過程，濃縮成反思活動。向內對焦可提醒孩子善待自己，向外對焦則可提醒他們善待他人與整個地球。

# 第九章
# 拋開思緒

本章的「身體掃瞄」靜心法，可幫助孩子仔細覺察身體與心智狀態。成人的身體掃瞄練習，通常需要半小時至四十五分鐘，不過，如果課堂時間不充裕，或是想運用在年幼的孩子身上，練習長度都可再縮短。

卡巴金在《正念的感官覺醒》（*Coming to Our Senses*）中，描述「身體掃瞄」練習：「以心智系統化的掃遍全身，將關愛、坦然與關注的注意力，帶到身體的不同部位。你可以做短至一次吸氣與一次吐氣的身體掃瞄，或是一、二、五、十分鐘，甚至長達二十分鐘的練習。當然，掃瞄的精準度與詳細程度，取決於進行的速度。」仔細留意身體的感官覺知，有助於孩童與青少年了解自己的身體，這是很自然的結果。然而，當孩子與家長仔細留意身體狀態後，往往會大大增進對內在感覺的認識，並因此感到驚訝。

如同善意視覺想像練習一樣，身體掃瞄與其他感官覺知遊戲，有時會引發令人害怕與招架不住的強烈情緒。對於曾經受過創傷、病痛、虐待、忽視，或是有負面身體意象的孩子而言，要仔細覺察自己的全身或身體的某些部位，可能會格外困難。為此，靜心導師與心理治療師古德曼建議，有創傷史或是很難做身體掃瞄的孩子，只要先試簡短的練習就好。長時間的身體掃瞄或許會令這類孩子感到不安，因此只要花短短數分鐘，聚焦於身體感官覺知就好。練習即使很短，也可能產生有益的安撫效果。威勒德（Christopher Willard）博士在著作《在正念中成長》（*Growing Up Mindful*）建議，很難做身體掃瞄的孩子，可以先嘗試以五感聚焦於外部定位點的基礎練習。

古德曼提供孩子兩種有趣方法，運用外部定位點來觀察身體不同部位的感覺：一是在心裡說類似這樣的話：「但願我的腳在這雙拖鞋裡，既溫暖又舒適；但願我騎腳踏車時，雙腿強健有力；但願我這個週末到海邊，能把腳趾頭埋進沙子裡；但願我的肚子被美好的食物填滿……」以此來祝福自己的身體。二是在心裡對自己複誦：「謝謝我的雙腳，幫助我站立、走路、跑步、跳躍和跳舞，但願你們快樂、平安又強壯。」以此來感謝自己的身體。

聚焦於外部定位點的基礎練習，除了本章稍後會介紹的「蜜拉的正念遊戲」，還有稍早提到的「身體搖擺」、「一次吃一口」、「漸弱音」、「安靜慢慢走」、「氣球手臂」、「好慢、好慢，像樹懶一樣」、「玩偶搖籃曲」練習。

第二章「檸檬咬一口」與「搖動的亮片球、靜止的亮片球」遊戲，可幫助孩子明白內心的想法如何影響身體的感受。本書稍後介紹相關練習，也可幫助孩子更清楚意識到身體與情緒如何連結。

「我的心，我的身體」練習既活潑又直接，能幫助孩子在當下察覺身體與內在情緒的連結。透過大家來回滾動一個球，同時快速說出自己當下感受到的感官覺知與情緒。沒有球也可以玩，兩人一組面對面坐著，或是所有人圍坐成一個圓圈都行。

## 心情和身體的感覺是否一致？——「我的心，我的身體」練習

來回滾動一個球的同時，快速說出此刻的情緒與身體感覺。

**生活能力：**聚焦力、洞察力

**適合年齡：**所有年齡

**練習步驟：**

1. 把球滾向你對面的人，輪到你滾球時，快速說出此刻心裡的想法和身體的感覺。例如：「我的心很快樂，我的身體覺得很放鬆。」
2. 帶領者先示範：「我心裡有點緊張，我的身體有點僵硬。」接著把球滾向你對面的夥伴，或是圓圈裡的另一個孩子。
3. 換下一個人說，例如，「我的腳很癢，我覺得自己像個傻瓜。」同時把球滾過去。
4. 引導孩子慢慢加快步調。

**小提示：**

1. 和全家人圍坐在餐桌旁或塞車時都可以玩，不一定要用到球。

就和許多運動和戲劇課程的漸進式肌肉放鬆練習一樣，正念減壓（MBSR）的身體掃瞄從腳趾開始，一步步向上到頭部為止。我的靜心老師則教學生從反方向進行，從頭部開始，一路向腳趾掃瞄。大家對於從哪個部位開始比較好，或是練習方向是否重要，目前還沒有共識。我採用從頭部向腳趾方向的身體掃瞄，是因為這能讓我的注意力逐漸遠離思考，並轉移到身體各處，幫助我與許多我指導的孩子和家長拋開思緒，專注於身體。

在下一個遊戲中，孩子運用注意力掃瞄自己的身體，從頭部開始，到腳趾結束。

## 釋放一天的壓力與疲憊——「專屬於你的星星」練習

想像夜空中有一顆特別的星星，可幫助我們放鬆身體，讓思緒沉澱。

**生活能力：**聚焦力

**適合年齡：**所有年齡

**練習步驟：**

1. 以舒服的姿勢，坐或躺，閉上眼睛。自然的呼吸，留意吸氣與吐氣的感覺。
2. 想像天空中有一顆專屬於你的星星，星星的樣子由你決定，可以是任何顏色、任何材質，而且可以隨時改變模樣，每天都有不同的樣子，如同世界上所有的一切都會改變。這顆星星有時大、有時小，有時明亮、有時朦朧，而你專屬的星星永遠都在。
3. 用身體的不同部位感覺星星的溫暖。
   - 當星光照在你的額頭時，你會感覺額頭放鬆了，並想像白天所有的壓力與疲憊都消失了。
   - 想像星光照在你的肩膀、手臂、雙手、胸部、肚子和下背部；兩條腿、腳踝和兩隻腳。
   - 最後，想像你全身沐浴在溫暖星光的照耀之中，完全放鬆。
   - 全身放鬆沉浸在星光裡，就這樣休息一下。
4. 準備好時，慢慢坐起，雙手高舉在空中，深吸一口氣。吐氣時，慢慢把手放下。

5.（表達重點：你的身體和心裡有什麼感覺？你以前有過這種感覺嗎？如果有，是什麼時候？）

正念專注力最大的優點就是可以靈活調控。正念可培養孩子的注意力在不同類型的體驗間自由轉換的能力，例如，從念頭轉換到情緒，再轉換到感官覺知。正念認知療法（MBCT）是西格爾（Zindel Segal）、威廉斯（Mark Williams）與蒂斯岱（John Teasdale）三位博士，根據正念減壓發展而來的臨床治療方法。根據正念認知療法，身體掃瞄顯示出注意力可以在不同的地方之間轉移。下一個遊戲可讓孩子練習如何自由轉換注意力，想坐著、站著或躺著練習都可以。

## 練習自由轉換專注焦點——「蝴蝶身體掃瞄」練習

利用一隻想像中的蝴蝶，讓注意力從身體某部位轉移到另一個部位。

**生活能力：**聚焦力

**適合年齡：**所有年齡

**練習步驟：**

1. 以舒服的姿勢，坐或躺，閉上眼睛。自然的呼吸，留意吸氣與吐氣的感覺。
2. 想像一隻美麗的蝴蝶，就像羽毛一樣輕，可以是任何你喜歡的顏色。用一分鐘的時間把注意力集中在這隻蝴蝶上。
3. 想像這隻蝴蝶會停留在我們身體的不同部位。牠停在哪裡，那個部位就覺得放鬆舒適。
4. 先從額頭開始。當蝴蝶停留在你的額頭上時，額頭就放鬆了。
5. 想像這隻蝴蝶離開了額頭，停在肩膀上，肩膀就放鬆了（繼續想像蝴蝶停留在身體的不同部位）。
6. 放鬆全身，休息一下，感覺呼吸規律的節奏。
7. 準備好時，雙手高舉在空中，深吸一口氣。吐氣時，慢慢把手放下。

本書的遊戲編修者哈莉斯，會在課程中鼓勵孩子自己發明正念遊戲。五歲的小女孩蜜拉就想出了極具洞察力的正念遊戲，就和「蝴蝶身體掃描」一樣，孩子可以練習如何刻意把注意力從一種感官覺知，轉換到另一種感官覺知。

## 每一個當下，都覺知許多東西——「蜜拉的正念遊戲」

練習轉移注意力，從視覺轉換到觸覺，再回到視覺，以此察覺我們在每一刻可以覺知到許多不同的東西。

**生活能力：**聚焦力

**適合年齡：**年幼的孩子、年紀較大的孩子

**練習步驟：**

1. 坐著，背挺直，身體放鬆，雙手輕鬆放膝上。帶領者放一顆石頭在孩子面前，讓孩子注視。

2. 當帶領者敲鈴時，請孩子拿起石頭，然後閉上眼睛，感受石頭在手中的感覺。做幾次呼吸（敲鈴）。
3. 下一次敲鈴時，請孩子睜開眼睛，看著這顆石頭，做幾次呼吸（敲鈴）。
4. 再次敲鈴時，把石頭放回地板上，看著這顆石頭，做幾次呼吸（再次敲鈴）。
5. 重頭再試一次。這次帶領者不再說話，只用敲鈴來提醒孩子下一個步驟：
 - 聽到第一次鈴聲：拿起石頭，閉上眼睛，感受這顆石頭在手中的感覺，呼吸。
 - 聽到第二次鈴聲：睜開眼睛，看著手中的石頭，呼吸。
 - 聽到第三次鈴聲：把石頭放回前方的地上，看著地上的石頭，呼吸。

**小提示：**

1. 讓孩子兩兩一組，如果有好幾個孩子，就圍坐成一個圓圈。每一回合結束時，請孩子把石頭放在左邊夥伴的前面。如此一來，進行下一個回合時，每個人就可以注視與觸摸另一顆石頭。

2. 想讓遊戲帶點個人特色，你也可以請每個孩子準備一顆特別的石頭、貝殼、樹葉或是其他物品。

玩過靜心力單元遊戲的孩子就會知道，壓力不一定都是不好的，不同的人對壓力也會產生不同的反應，如果管理得當，壓力也可能對自己有幫助。畢竟，少許的焦慮可以激勵青少年在考試或運動比賽時有更好的表現。管理壓力的關鍵在於，孩子要在壓力反應變得太強、即將主宰自己之前，及時覺察。

透過感官覺知活動，例如身體掃瞄，孩子會學習辨識身體發出的信號，並知道自己正開始失去平衡。孩子愈早學會辨識，就愈能及早減輕過大的壓力，並告訴自己，不要再煩惱感受到的壓力，要記得放鬆，把注意力轉移到一個單純、中性的目標，直到身心都平靜下來。

# PART 4

# 關懷力

有個雜技演員和他的徒弟受邀至鎮上表演特技。廣場中央已豎立一根竹竿，準備上場前，師父告訴徒弟，「我先爬上竹竿，你隨後爬上來，然後站在我的肩膀上。我們兩人都爬上竹竿之後，你負責保持我的平衡，我負責保持你的平衡。」徒弟聽了卻說：「這樣是行不通的。你要負責保持你自己的平衡，而我要負責保持我自己的平衡。否則我們倆都會摔下去。」

徒弟的話聽來無禮，卻點出一精妙要點：唯有先照顧好自己，才能夠照顧別人。

搭飛機時，空服員總不忘提醒：遇到緊急狀況，機上旅客要先為自己戴上氧氣面罩，這樣才是為別人著想。同樣的，徒弟自己先保持好平衡，才是為師父著想。如同正念、靜心與其他創意活動，保持平衡的某些特性相當玄妙，往往難以描述。簡單來說，我們必須先感覺到自己保持平衡了，才能知道自己已經取得平衡。正如徒弟對師父說的，沒人能替我們找到平衡點，你必須自己尋找。

父母常把家庭需求放在自己的需求之前，即使代價不小，也在所不惜。一行禪師則說：「如果不知道如何照顧自己與愛自己，就無法照顧我們愛的人。」我們常忘了，身心俱疲時，是無法對任何人產生助益的。壓力、強烈的情緒、筋疲力竭與各種因素，都可能使我們的容納之窗縮小，身心失衡。平時覺得尚可忍受的經驗，開始變得難以忍受時，代表神經系統告訴我們，要重新調整並給予自己更多關懷。

而孩子要懂得自我調整與給予關懷，就需要學會設下有益的人際界線。正念靜心的主題一旦教導不當或被誤解，很可能反過來成為親子發展有益關係界線的阻礙。孩子需要設下界線，才能在家庭、學校、朋友、時間表與多重任務之間取得平衡。光是告訴別人要待人和善與寬厚、心懷善意與感恩，或是保持情緒平衡，是沒什麼幫助的，對於正在尋求解方、想妥善處理棘手狀況的孩子而言，更是如此。這個世代的孩子所面對的人生非常複雜，孩子與家長都需要具體的工具，幫助他們意識到別人的行為已經越界，藉此照顧好自己。

父母若能正確的理解與教導正念靜心的主題與生活能力，就能培養出孩子的明辨力，建立良好的親子關係界線。根據《牛津英文字典》的定義，明辨力是「做出明智判斷的能力」，也是富含智慧與慈悲世界觀的核心主題之一。當孩子與父母運用明辨力，就有足夠的智慧，將善意、感恩與接納等具普世價值的主題，看得比結果更重要，並如實反映在日常言行與人際關係上。

# 第十章 這樣做對我有幫助嗎？

孩子有各種習慣。有些習慣是身體方面的，例如折手指關節發出喀喀聲、把頭髮繞在手指上，有些是言語方面的，例如喜歡用特定詞彙或說法，還有一些是心理方面的，例如擔心、做白日夢、評斷他人、過度分析。習慣會在不自覺中一再出現，而人類大腦的特性，正是不斷重複的習慣會強化相關的大腦迴路，使習慣更難改變。

透過聚焦力單元，孩子知道同時被激發的神經元會連結在一起。換句話說，愈常運用某個神經網絡，就愈容易起變化並深化。想像你要穿越一個公園，公園裡長滿雜草，但中央有一條被很多人踏過的小路。要穿越公園最快、最簡單的方法是什麼？當然是使用既有的小路。孩子運用神經網絡的情況也是如此。

神經路徑會形塑大腦，如同小路形塑公園裡的綠地。這兩種路徑都會透過重複使用而強化。神經路徑有一部分由基因決定，但孩子說的話、做的事、思考的內容與人生經驗，也會形塑神經路徑。孩童與青少年愈常透過思考、言語與行動使用既有的神經路徑，就愈可能自動遵循固有路徑進行腦內活動，這就是形成習慣的原因。習慣愈根深蒂固，相關神經路徑就愈強健，作用也愈強，而改變舊習慣所需的決心就更大了。

舉例來說，假如孩子每天早上起床後所做的第一件事，就是查看社群媒體，那麼滑手機很快就會變成孩子起床後不假思索的自動反應。即使孩子知道「或許我不該每天一早起來都這樣」，但他們對這個習慣的質疑強度，不足以抑制自己想查看手機的衝動。光有動機是不夠的，要改變習慣，需要動機加上重複的行動。

## 改善不良習慣，始於覺知

性格是多種人類特質的集合體，在行為的驅動下形成，而覺知是性格形成的出發點。孩童與青少年會界定自己想體現的特質，然後透過與動機一致的重複行動，培養這項特質。然而，形成與改變習慣有一點相當棘手：有些習慣是孩子有意識到的，有些是沒意識到的。即使孩子希望培養正向特質，若沒有覺知自己的負面特質，很可能會在不經意中強化了。

要改變沒意識到的習慣還有一個難題，那就是強化習慣的行為會不自覺的出現，因為產生行為的神經路徑已經被形塑得很強健了。因此，孩童與青少年很可能在走了一大段路之後，才意識到自己正朝錯誤方向前進。不過，這也沒關係。孩子只要先覺知自己的習慣與動機就好。

正念專注力是幫助孩子覺知習慣的便利工具。你可以把大腦想成是電腦的硬碟，會自動把孩子的內在與外在世界資訊儲存起來，硬碟裡不必要的資料可能會形成小故障，導致電腦處理速度變慢；而正念專注力有點像是可以找到電腦小故障的程式軟體，會定期偵錯並加以修正，解決故障問題。

如同程式軟體搜尋小故障一樣，孩子也可以運用正念專注力搜尋身體與心理的習慣。不過，正念專注力有一點與軟體不同，它無法分辨習慣的好壞，也無法自動消除壞習慣。孩子還需要有明辨的能力，才能養成好習慣或改掉壞習慣。

要了解什麼是明辨力，最好先稍微了解「業力」（karma）。這個梵文源自佛教與印度教，意思是「因果」。在通俗文化中，常被當成「注定」的意思而誤用。業力更精確的定義是「有後果的行動」。這裡指的行動，包括孩子說的話、做的事與思考的內容。所有的行動（即使是微小的）都會帶來後果。孩子在分辨某個行動是否明智時，考慮的是個人的動機，再加上因果的考量。明辨力、動機與因果關係這三大主題，交織成了富含智慧與慈悲的世界觀。

下一個練習中的一連串問題，可幫助孩子或青少年分辨某個習慣、對棘手情況的反應，或是他們想說或想做的事是否明智。我與一般家庭合作時，會把「有幫助」這個詞換成「聰明」，因為「聰明」的定義非常清楚，而且年幼的孩子也聽得懂。我第一次聽到這種說法，是當我聽到加州大學洛杉磯分校「學前教育中心」執行董事麥當諾，問一個在遊戲場發脾氣的四歲小女孩，她的行為是否有幫助。對我來說，那場短暫的對話，就像是一堂教導年幼孩子使用明辨力的大師級課程。

由於「有幫助」一詞相當中性，不帶任何情緒，因此用來引導較大的孩子、青少年與家長練習正念時，也很管用。「這樣做對我有幫助嗎？」遊戲中一連串的問題，並非要孩子每次做事或說話之前，都要停下來一一思考，只有遇到複雜的情況，必須好好思考如何適當反應時，才需要這麼做。

## 回應之前想一想——「這樣做對我有幫助嗎？」練習

當孩子不確定要做的事或想說的話，是否都好好思考過，或是否立意良善，可以問自己幾個問題來釐清。

**生活能力：**審視力、關懷力、連結力

**適合年齡：**所有年齡

**練習步驟：**

1. 你是否遇過難以決定如何做出回應的情況（請孩子舉例。聽完孩子提供的幾個例子後，選擇其中一個，繼續問下去）。
2. 在此情況下，你覺得怎麼說或怎麼做是最好的？（聽完孩子的回答後，選擇其中一個，繼續問下去）
3. 問自己三個問題，測試看看你的反應是不是聰明的選擇：「這樣做對我有幫助嗎？對別人有幫助嗎？對地球有幫助嗎？」

請孩童與青少年先檢查某個反應是否對自己有幫助，然後再思考是否對別人有幫助，這並非暗示孩子要把個人利益放在第一位，而是鼓勵他們先檢視自己的真實狀況。唯有當孩子能自我覺知之後，才有能力清楚看見別人以及別人的體驗。孩子已經思考過傳統靜心訓練ABC要素的順序——專注力、平衡情緒與慈悲心，也明白靜修者為何要先發展自我覺知，然後再發展對他人以及周遭世界的覺知。孩童與青少年在「溫暖祝福」遊戲中先祝福自己，再祝福別人，也是同樣的內在進程。「這樣做對我有幫助嗎？」遊戲中的問題呈現的內在進程也是同樣例子，顯示正念要從向內對焦開始，先讓孩子反思某個行動會對自己產生什麼影響，然後再向外對焦，反思這個行動對別人與地球的影響。

我們通常無法明確知道某個反應是否有幫助，實際上，孩童與青少年有時必須在同等重要、但只能擇一的選項之間做出抉擇。遇到這種情況時，達賴喇嘛在《超越生命的幸福之道》中建議：「與道德有關的事通常並非黑白分明。當我們確認過，自己的動機是出於對全人類福祉的關切之後，就必須權衡所有選項的正反面，然後依照自然生出的責任感行事。這在本質上就帶有智慧。」孩子對於「這對我有幫助嗎？這對別人有幫助嗎？這對地球有幫助嗎？」的答案往往會互相牴觸，這並不令人意外。不同的意見讓孩子有機會再次複習「動動小指頭」遊戲，也就是讓一群孩子用手勢同時回答一個問題。「動動小指頭」不只以好玩且戲劇化的方式，顯現人們的意見不同，還有一個附帶優點，那就是不會讓孩子當著同儕的面，被單獨要求回答某個有套話意味的問題。當孩子的答案互相矛盾時，我會問第四個問題：「在此情況下，什麼事最重要？」

## 強化天生就有的行為約束力

行為約束是形成富含智慧與慈悲世界觀的另一個主題。它是一種天生的能力，而且可以透過正念靜心來強化。達賴喇嘛在《超越生命的幸福之道》中如此定義行為約束：「刻意不做確實或可能會傷害他人的事」。當孩子很難過、過度亢奮或無法控制自己的言行時，行為約束能力可以讓孩子有機會靜下心來。

貝利（Becky Bailey）博士在《有意識的訓練》（*Conscious Discipline*）中，將鎮靜視為「自制力的實踐」，同時指出「不論外面的世界有多瘋狂，我們仍可以選擇保持鎮靜」。孩童與青少年能否展現行為約束能力，一部分取決於年紀與成熟度。年紀愈小的孩子愈難忍耐或等待，不論是輪流玩、得到想要的東西，或是說想說的話。成熟度較高的孩子通常覺得要約束自己的行為相對容易。不論孩子的年紀多大，當他們愈亢奮或愈激動，就愈難壓抑大腦的原始反應。另外，當孩子覺得疲倦或有壓力時，在開口說話或採取行動之前三思的能力也會下降。成人也是如此。

根據我的經驗，行為約束能力可在孩子很小的時候就發揮作用，即使是四歲大的孩子也能很快學會。假如孩子能做到暫停一下，感覺自己的呼吸，當重新開始做別的事時，就能變得比較專心且平靜。

## 強化行為約束力——「暫停一下，感覺呼吸」練習

唱一首歌提醒自己，若想變得心情比較平靜和專心，可以暫停一下，並感覺自己的呼吸。

**生活能力：**聚焦力、靜心力

**適合年齡：**年幼的孩子

**練習步驟：**

1.（表達重點：當你很興奮時，有什麼感覺？人在亢奮時，會變得難以控制聲音和身體，對嗎？像這種時候，我就會暫停一下，並感覺我的呼吸，來幫助自己控制聲音和身體。）

2. 一起唱「暫停一下，感覺呼吸」，這首歌是這樣唱的：

暫停一下（兩個手掌向外，做出停止的手勢）

感覺我的呼吸（兩隻手放在腹部）

我的心平和又平靜，我準備好要……（吃東西／看書／學習）

（英文錄音檔可在以下網頁找到：www.susankaisergreenland.com/downloads）

3. 大家一起唱。

4.（表達重點：當你暫停一下並感覺呼吸，有什麼樣的感受？這對你在日常生活中的一言一行，會有幫助嗎？）

**小提示：**

1. 這首歌的最後一句，可根據孩子接下來要做什麼決定。例如，接下來要看書了，那麼最後一句就會是「我的心平和又平靜，我準備好要看書了」。

除了以上遊戲讓孩子有機會以好玩的方式練習行為約束，我也常鼓勵孩子運用非語言「正念提示」的力量。

## 不用大聲吼叫，孩子也能專心聽——「正念提示」練習

善用非語言的提示，幫助孩子平靜下來與專心一致。

**生活能力：**聚焦力、洞察力

**適合年齡：**年幼的孩子、年紀稍大的孩子

**非語言提示的例子：**

**1. 安靜的手勢**

孩子隨意插話時，不要直接制止，可試著採取非語言方式，直視孩子的眼睛、對他微笑，把你的手指放在嘴唇上，然後把手掌放在耳後，或手指向孩子應該注意的方向。

### 2. 舉起手臂

舉起你的手臂，讓所有人看見，讓孩子知道要跟著你這樣做。當你的手臂舉起時，代表大家不再說話，眼睛看著你，耳朵專心聽你說話。還有一種做法是，利用語言請孩子做出非語言的反應。假如你正在教導一群孩子正念，而有些人看不到你，你可以舉起手臂並說：「如果你可以聽見我的聲音，就舉起你的手。」

### 3. 拍手並照做

當你用特殊的節奏拍手，孩子會停止正在做的事，並跟著照做。孩子很快就會知道，一聽到特殊節奏的拍手聲，就要專心聽你說話。拍手並照做還可以訓練專注力。

### 4. 慢動作

當你刻意放慢動作，注意肢體的感受，就會提示孩子跟著照做。放慢動作可以幫助孩子留意內心與周遭的變化，培養專注力與自制力。如果孩子看過艾瑞・卡爾的繪本《好慢、好慢、好慢的樹懶》，你可以對孩子說「像樹懶一樣慢」，提示孩子刻意把動作放慢。

### 5. 拉拉鍊

當孩子熟悉第一章的「拉拉鍊」遊戲後，就可以當作正念提示。把一隻手放在肚臍前方，另一隻手放在背後下方。等所有孩子都跟著你這麼做之後，模仿拉拉鍊的動作，雙手沿著脊椎與胸部向上移動，越過下巴、頭部，最後高舉在空中；孩子也跟著一起做。等大家都舉起雙手時，可以動一動高舉在空中的手指，做出無聲的歡呼。

### 6. 氣球手臂

第七章的「氣球手臂」遊戲，也可以做為正念的非語言提示。把兩個手掌放在頭頂上，雙手手指相碰。孩子會模仿你的動作，把雙手放在自己的頭頂上。等所有人都準備好之後，手臂向上舉起，模擬氣球充氣的樣子，然後放下手臂，模擬氣球洩氣的樣子。

「正念提示」可打斷無意識的不自覺行為，為孩子創造一個空檔，停一下並留意自己當下的感覺。以上提示針對的是較年幼的孩子。較大的孩子、青少年與家長也可在生活周遭找到各種正念提示，舉例如下：

- 當你聽到電話鈴聲響起時，留意自己的身體是否有任何肌肉緊繃的情況。如果有，試著放鬆該部位肌肉。
- 要抑制不自覺查看社交媒體的衝動，可把注意力轉移到當下的某個體驗，像是房裡的聲音、呼吸的感覺、遙遠的地平線、附近的樹葉花草，或在腦海中想像一個平靜的畫面。
- 吃點心之前，想想食物從哪裡來，是經過多少人的投入，才來到你的手中。在心裡感謝這些人，或大聲說謝謝。
- 排隊時，在心裡祝福與你一起排隊的人。

隨著較大的孩子與青少年逐漸了解自己的習慣，會開始察覺自己對愉快、不愉快與中性的經驗，所做出的不自覺反射性反應。在下一個遊戲中，較大的孩子與青少年留意這三類生活經驗，然後學習忍住不做出反射性反應。為每個孩子準備一個裝了

一、兩個冰塊的杯子，還有紙巾。

## 感覺不快時，學著忍住不立即反應——「冰塊融化了」練習

把一個冰塊放在手裡，直到融化，以此留意感官刺激與反應之間的差異。

**生活能力：**聚焦力、洞察力

**適合年齡：**年紀較大的孩子、青少年

**練習步驟：**

1.（表達重點：拿起冰塊之前，先留意腦海中有什麼念頭？身體有什麼感覺？）
2. 把一個冰塊放在手裡，直到融化。握住冰塊的感覺可能不太舒服，但別擔心，這很安全，你不會受傷。在手底下鋪一張紙巾，才不會弄溼地板。
3. 假如手很不舒服，可以做幾次深呼吸，放鬆手掌和手臂。如果你還是覺得很不舒服，不必擔心，把冰塊放下一會兒，然後再試一次。

4. 不要說話，留意當冰塊在手裡融化時，你的手有什麼感覺。你喜歡這種感覺嗎？你不喜歡這種感覺嗎？你想把冰塊放下來嗎？等待三十至六十秒，再進行下一個步驟。

5. 留意手現在有什麼感覺。感覺改變了嗎？你的思緒有任何變化嗎？請孩子試著緊握冰塊，然後把冰塊放在手掌的不同部位，或是用另一隻手拿冰塊，留意每次的改變帶來什麼感覺。

6.（表達重點：冰塊握得愈久，手的感覺起了什麼變化？你想把冰塊放下來嗎？說一下當你拿著冰塊時，想法與情緒的變化。）

接下來要引導孩子使用覺知量表，來探索自己對愉快、不愉快與中性（不好也不壞）經驗的反應。

一般來說，孩子會被愉快的經驗吸引，並希望能持續下去。另外，孩子會想逃離不愉快的經驗，也往往覺得中性經驗很無聊，就會開始靜不下來。雖然孩子對愉快、不愉快與中性經驗的反應各不相同，但都會產生相同結果：不論是想延續愉快經驗，或試圖逃離不愉快或無聊的經驗，孩子都錯過了當下發生的事。

不過，孩子不必因此灰心，丘卓在《喚醒慈心》（*Awakening Loving-Kindness*）解釋道：「靜心最大的發現之一，就是發現自己會不斷離開當下，以及逃避處於此時此地。這不是問題所在，重點在於看見這個事實。」

靜心的重點或許在於覺知，但光靠覺知並不足以改變慣性思考或行為模式。然而，覺知可以改變感知習慣的方式，啟發我們採取必要的行動，改變無益的習慣，並養成有益的習慣。接下來兩個遊戲會運用名為「覺知量表」的視覺輔助工具，幫助孩子理解以上觀點。

就和第三章的「動動小指頭」練習一樣，覺知量表可以讓一個以上的人同時回答相同的問題。量表在使用上會刻意設計成中性的，想用什麼顏色代表什麼感受，都可以自由決定，藉此幫助孩子不受到評斷的束縛，自由覺知自己的思緒、情緒與感官覺知。

在下一個遊戲中，你需要準備兩個附在本書「附錄」中的覺知量表，一個給你用，一個給孩子用。你也可以讓孩子製作自己的量表，用色筆或蠟筆為三個三角形塗上不同的顏色。

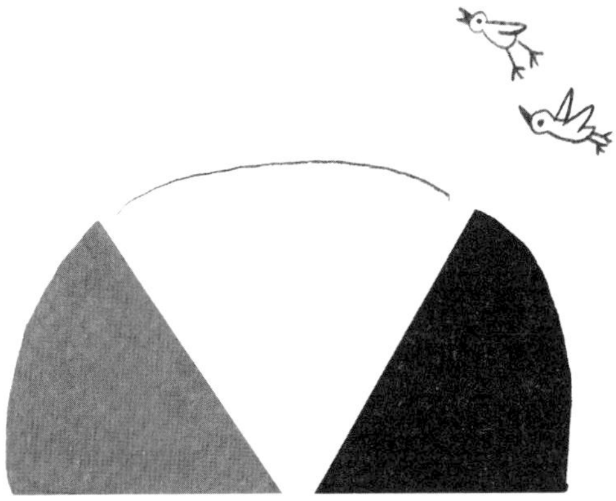

覺知量表

## 不論快樂與否，充分體察當下身心狀態──「覺知量表」練習

利用覺知量表察覺自己的感受，並與別人討論交流。

**生活能力：**聚焦力、洞察力

**適合年齡：**所有年齡

**練習步驟：**

1. 先向孩子說明，你等等會問一個問題，接著與大家一起用手指頭指著覺知量表上的色塊，同時回答問題（帶領者自己保留一個量表，把另一個量表拿給孩子）。
2. 問孩子第一個問題：你的注意力有放在正在進行的活動上嗎？有的話，請指白色三角形；如果你想著別的事或別的地方，請指黑色三角形。一、二、三，開始（當帶領者說「開始」後，手指停留在所指的位置上，孩子就可以看見你的答案，你也可以看見孩子的答案。記住，本遊戲的目的是發現頭腦與身體此刻的狀態，答案沒有對錯之分）。

3. 進一步問孩子：當我剛才問到，你的注意力放在哪裡時，你想的是過去、現在、還是未來的事？如果你想的是過去的事，就指黑色三角形；如果你想的是未來的事，就指灰色三角形，如果你想的是現在的事，就指中央的白色三角形。一、二、三，開始。

4. 提醒孩子把手指放在色塊上不動，你才能看見他們的答案。（表達重點：你的心思常飄走嗎？可以說一個分心對你沒有幫助的例子嗎？可以說一個分心對你有幫助的例子嗎？做白日夢對你有幫助、沒有幫助，還是看情況而定？）

**小提示：**

1. 如果你沒有覺知量表，可以讓孩子用「動動小指頭」回答問題。青少年可能不想用小指頭回答問題，你可以請他們將大拇指向上指、向下指或指向旁邊來回答問題。

2. 你可以利用覺知量表問孩子其他的問題，實際例子可參考「動動小指頭」的步驟說明。

在帶領孩子討論，如何對具有挑戰性的情況做出最適切反應時，「覺知量表」與「動動小指頭」是很好用的工具。為了讓孩子對於可能相當沉重的對話做好心理準備，可以先探索一般人對於中性經驗所產生的常見自動化反應。在下一個遊戲中，孩子要留意他們對不同聲音的反應。先準備一些樂器，並放在孩子看不見的地方。

## 不論心情好壞，都能適切反應——「我聽到什麼聲音？」練習

聽聽周遭環境的聲音，留意不同聲音帶來的各種感受（需搭配「覺知量表」練習）。

**生活能力：**聚焦力、洞察力

**適合年齡：**所有年齡

**練習步驟：**

1. 坐著，背挺直，身體放鬆，雙手輕鬆放膝上，想閉上眼睛也可以。留意此刻

吸氣與吐氣的感覺。

2. 告訴孩子，等一下你會用不同樂器發出一些聲音。孩子不需要特別努力聽，只要放鬆聆聽就好（帶領者使用樂器或有趣的東西發出各種聲音，例如，沙鈴、弦樂器、用石頭互相敲擊、搖動銅板）。

3. 請孩子猜是什麼東西發出來的聲音。放輕鬆，等待聲音出現。先別說出答案，記住每個聲音，等一下會問大家（繼續發出聲音約一分鐘）。

4. （表達重點：能不能猜出是什麼東西發出來的聲音？有任何聲音讓你覺得很意外嗎？當你閉上眼睛聽不同的聲音，是什麼感覺？）

5. 再試一次。發給每個孩子一個覺知量表，帶領者自己也拿一個。

（表達重點：我會再發出一些聲音，但這一次我希望你留意自己對不同聲音的反應。如果你覺得聲音很好聽，就指黑色三角形；如果你覺得不好聽，就指灰色三角形；如果你覺得不是好聽、也不是不好聽，就指著中間的白色三角形。手指保持在色塊上不動，讓所有人知道彼此的感覺。）

帶領者每一次用樂器或物品發出聲音時，在每個聲音之間保持一定間隔，讓孩子有時間使用覺知量表表達自己的感覺。

6.（表達重點：你希望好聽的聲音一直持續嗎？你希望不好聽的聲音趕快停止嗎？你的身體對這些聲音有反應嗎？你的身體對每個聲音都產生相同的反應嗎？）

「正念提示」、「冰塊融化了」、「覺知量表」、「我聽到什麼聲音？」與「動動小指頭」，都是有助於強化聚焦力與洞察力的遊戲。隨著這些生活能力不斷增強，孩子會開始相信，當感到非常亢奮或難過時，自己有能力讓心情平復，也比較可能生出嘗試新事物、實驗新點子與發揮創造力的自信心。

# 第十一章
# 廣泛式注意力

我在第六章提到的幾個靜修者例子：被強烈情緒嚇到而放棄靜心的母親，迷失在思緒裡或進入放空狀態而放棄靜心的父親，還有剛接觸靜心的我。許多孩子就和我們一樣，會擔心假如不努力管理腦中亂竄的思緒與情緒，自己就會崩潰。然而，我們所有人一開始其實都沒有意識到，自己一直在追逐、過度分析、逃避與過度認同思緒、信念與感覺。問題並非出在大腦中的活動，而是我們對這些活動做出的反應。

詠給明就仁波切在《帶自己回家》（*Turning Confusion into Clarity*）提到，他的父親用優秀與拙劣的牧羊人有何不同，來教他如何靜心，「拙劣的牧羊人視野狹隘。他可能會追著一隻向左邊跑走的羊，而忽略了另一隻向右邊跑走的羊，於是他就像一隻追著自己尾巴的狗一樣，整天忙得團團轉。」靜心大師告訴愛追根究柢的年幼兒子說：

「我們靜心時，並不試圖控制所有思緒與感覺，只是自然的休息，就像優秀的牧羊人一樣，保持警覺與覺察。」

在上一章，孩子透過「冰塊融化了」以及搭配「覺知量表」的遊戲發現，人天生會追逐愉快的經驗，並逃避不愉快的經驗。孩子也明白，假如沒有覺知自己正在做的事，就可能被卡在追逐或遠離內在思緒與感覺的狀態裡。這正是覺知如此重要的原因，當孩子意識到自己卡住了，就會趁此機會後退一步，反思自己被什麼卡住了。

還記得第四章那隻不願放下手中香蕉的猴子嗎？猴子只要願意放下香蕉，就能逃離陷阱。同樣的，年紀較大的孩子與青少年只要放輕鬆，不理會腦中思緒，就能掙脫自己設下的心理陷阱。

指銬（finger trap）有時被稱作中國或墨西哥手指謎題或手銬，是個有效的視覺比喻與體驗，讓孩子學習如何獲得自由。以下練習需要為你自己和每個孩子準備一個指銬（指銬是一種管狀編織物，當兩隻手指放入指銬兩端，就會被夾住，若你將手指向外拉扯，會被夾得更緊，只有放鬆才能將手指抽出）。

## 放過紛亂思緒，就能重獲自由——「指銬」練習

將兩隻手指用力向外拉，手指會被指銬夾得更緊，但是當我們放鬆並停止向外拉，手指就自由了。

**生活能力：**聚焦力、洞察力

**適合年齡：**年紀較大的孩子、青少年

**練習步驟：**

1. 把兩隻小指頭放進指銬兩端。
2. 兩個手指向外拉，試著把手指拉出指銬（指銬的管子會被拉緊並變細，把孩子的手指夾住）。
3. 停止動作，放鬆，呼吸。兩隻手指向內推（指銬的管子會變鬆且變大，孩子就可以把手指抽出來）。
4. （表達重點：把手指從指銬抽出來最好的方法是什麼？手指卡在指銬裡，和卡在思緒、情緒與壓力裡，有什麼相似之處？）

本章的練習運用廣泛式注意力，來幫助較大的孩子了解自己的心智。廣泛式注意力就像一種包容性的光束，能照亮大範圍的變化體驗。運用廣泛式注意力的遊戲叫作「覺察遊戲」；孩子玩這類遊戲時會運用情緒約束力（本章探討的主題之一），留意內在與外在世界發生的一切（念頭、感覺、感官覺知、聲音、溫度），而不做出反應。

邱陽創巴仁波切在《動中正念》（*Mindfulness in Action*）描述了情緒約束力的優點：「這種方法並非要你完全杜絕思考歷程，而是解開束縛，思緒會因此變得通透且開始鬆動，可以自由穿過心智或飄浮四周。思緒通常又重又黏，而且總要我們花心思注意。但透過這種方法，我們可學會觀照自己的思考歷程，而非試圖達到完全沒有任何思緒的狀態。」

帶領覺察遊戲時，家長要記住，年幼的孩子還沒有發展出足夠的能力，來控制自己不對想法、情緒與感官覺知做出反應。我曾問過賓州大學「促進人類健康預防研究中心」創辦人葛林伯格，這種後設認知能力大約幾歲會發展出來，他回答說，確切時間點因人而異，但通常要到四年級以後才會發展成熟。覺察遊戲只要稍加調整，也可以變成適合年幼孩子發展聚焦式注意力的定位點遊戲，我會在練習步驟中解釋如何調整。

家長還要記住一點，孩子使用聚焦式或廣泛式注意力練習時，雖然同樣都是練習對干擾的觀照，但不同點在於：在聚焦式注意力的定位點遊戲中，讓孩子的注意力離開定位點的任何東西都是干擾。而在廣泛式注意力的覺察遊戲中，沒有任何東西會被視為干擾。

當較大的孩子與青少年不再追逐、過度分析、逃避與過度認同腦海中的活動，就能以不同的方式觀照一切活動。於是，令人煩惱的信念、思緒與情緒，會開始鬆動與解開束縛，孩子就能以更清晰與平靜的觀點，看見自己內心與周遭發生的事。我用搖頭娃娃來示範「令人頭暈」的概念。

## 心煩意亂是什麼感覺？——「搖頭娃娃」練習

搖動搖頭娃娃幫助孩子了解，如何不去理會思緒與情緒，而不是對思緒與情緒做出反應。

**生活能力：**靜心力

**適合年齡：**年紀較大的孩子、青少年

**練習步驟：**

1. 我有時覺得自己像個搖頭娃娃。當我覺得興奮、難過或生氣時，我會開始頭昏腦脹（在示範過程中一直搖動娃娃）。
2. 問孩子是否曾經覺得自己像個搖頭娃娃（假如孩子舉不出例子，帶領者就自己舉例：「我遇到塞車，而且擔心上課會遲到。我要找我正在看的書，但找遍整個家都找不到。」）。
3. 當我們覺得自己像個搖頭娃娃時，往往心煩意亂。思緒、情緒與信念在腦子裡到處亂竄，好像要我們注意它。但假如試著一一照顧，很容易迷失，也很難清楚的思考（再次搖動搖頭娃娃）。
4. 我們該怎麼做？表達重點：試著把思緒丟掉嗎？那要怎麼做呢？假如什麼也不做，會怎麼樣？假如放任思緒不管，並且不對它做任何反應，會怎麼樣？把搖頭娃娃放在穩固的地方；娃娃的頭的搖擺動作會開始變慢，最後停止。

5. 思緒與感覺不會完全離開，我們也不希望它離開，但可以不去理會，最後會平靜下來，就可以清楚思考了。
6. 假如我們開始思索種種思緒，會怎麼樣（搖動搖頭娃娃）？
7. 遇到難以解決的狀況時，思緒會開始忙碌起來，即使我們剛使它靜下來。這種情況發生時，只要放鬆並留意腦海中發生的一切，而不做出反應，心思自然會慢慢安定下來。

孩子若要改變觀照思緒、感覺與信念的方式，必須先了解自己的思緒、感覺與信念，而這需要專注力才能辦到。因此，我們先教有助於培養專注力（聚焦式注意力）的視覺想像遊戲與定位點遊戲，然後才教可培養廣泛式注意力的覺察遊戲。請記住，把以上視為兩種不同的注意力使用方式，是一種誤解，做此區別只是為了方便解釋概念。舒亞．達斯喇嘛（Surya Das）以大學修課為比喻，覺知遊戲就像「主修全景注意力（廣泛式注意力），副修專注力（聚焦式注意力）」。

要讓較大的孩子與青少年練習廣泛式注意力，最好的方法就是玩下一個遊戲。請先找一個方便凝視天空的舒適地點，擺幾張椅子或在地上鋪上毯子。年幼的孩子也喜歡凝視天空。以下步驟說明會解釋如何為不同的對象做調整。

### 生活忙亂壓力大——「凝視星星」練習

放鬆並凝視天空，探索當下發生的所有事。

**生活能力：**聚焦力、關懷力

**適合年齡：**年紀較大的孩子、青少年（若對象為年幼孩子，會稍做調整）

**練習步驟：**

1. 舒服的坐或躺，感受自然的呼吸節奏。
2. 望向地平線，視線停留在那裡。輕鬆看著，不聚焦於任何特定物體。
3. 留意你在天空看到的任何變化，以及月亮、星星的變化。
4. 當思緒或感覺浮現時，不去理會。假如你不試圖分析或細想，當思緒與情緒來了之後，就只會稍微停留，接著自動消失（帶領年幼的孩子進行到本步驟時，請這樣說：「假如你發現自己分心了，想著其他的事，沒有關係，只要感覺自己的呼吸，再重新望向天空就好。」）。

5.（表達重點：你看到了什麼？看到的東西讓你感到意外嗎？天空一直保持不變嗎？有發生任何變化嗎？能描述自己的感受嗎？現在覺得如何？）

**小提示：**

1. 一開始只要短暫練習就好，練習幾次後，再慢慢拉長時間。
2. 如果在白天，就練習凝視白雲。在戶外找個陰涼處，擺一張海灘椅或在地上鋪一條大毛巾。鼓勵孩子留意被風吹動的樹葉、移動的白雲，以及環境中的其他變化。
3. 當生活極為忙亂或壓力過大時，凝視星星與凝視白雲可以讓孩子（與成人）休息一下，照顧自己的感受。

凝視星星的重點不在於放空，而在於教導較大的孩子讓浮現腦海的一切自然來去。練習者可以放任心思自由馳騁，只要留意腦中發生的事就好。即使是最熟練的靜修者都會迷失在思緒裡。不論是任何年紀的人，要把心思拉回來，只要再次凝視地平線就好。

要進行開放、包容式的靜心方法，需要仰賴強大的專注力，許多剛開始練習靜心的孩子（不論年紀）覺得這很難辦到。在下一個遊戲中，年紀較大的孩子與青少年要用另一個更有結構的方法處理思緒，那就是貼上「念頭」的標籤。

### 練習覺察、寬容待己——「為念頭貼標籤」練習

當放鬆並覺察呼吸的感覺時，若發現思緒與情緒使我們分心了，就在心裡默默的說「念頭」。

**生活能力：**聚焦力、關懷力

**適合年齡：**年紀較大的孩子、青少年

**練習步驟：**

1. 坐著，背挺直，身體放鬆，雙手輕鬆放膝上，想閉上眼睛也可以。
2. 找一下自己的呼吸定位點，就像進行「正念呼吸」練習一樣。花點時間，找出身體哪個部位讓你最能感受到呼吸的感覺，像是鼻子下方、胸部，或是肚子。
3. 吐氣時，把注意力輕輕放在吐氣的整個過程，大家一起試幾次。
4. 不要特別留意呼吸，放鬆休息就好。
5. 當思緒與情緒浮現，試著不去想它。下一次，當覺察到思緒或情緒出現時，只要在心裡默默對自己說「念頭」，然後一邊感覺呼吸的自然節奏，一邊休息。
6. 下一次，在心裡說「念頭」時，仔細覺察語氣。只要孩子看起來自在且投入，就繼續帶領練習。

**小提示：**

1. 使用「輕鬆的」與「輕輕的」這些詞，可提醒孩子放鬆並溫柔待己。

2. 上述步驟鼓勵孩子把注意力放在吐出的氣，並停留在整個吐氣過程。這麼做可穩定孩子的注意力，許多孩子也覺得這樣做有放鬆與鎮靜效果。

最後的步驟六，請孩子留意在心裡對自己說話的語氣。孩子可透過此一簡單直接的方法，練習自我覺察與自我寬容。

當心中有個激烈的聲音質疑自己時，質疑所引發的痛苦情緒，往往令孩子覺得非常真實且難以承受。當孩子知道自我批判並非事實，同時練習對信以為真的那部分自己施予慈悲，就能重獲自由。

對於較大的孩子與青少年而言，留意對自己說話的語氣，並思考這語氣究竟出自一個有益的朋友、還是一個無益的擾亂分子，可為他們創造機會，實踐自我寬容。較大的孩子在練習「凝視星星」時，在心裡默默說「念頭」並留意自己的語氣，對他們也很有幫助。

「為念頭貼標籤」與「凝視星星」有助於休息與放鬆。休息與放鬆本身就很棒，還有許多附帶好處。孩子能以清楚的頭腦與更自在的態度，探究內心與周遭發生的所有事。孩子往往最先留意到的事就是，凡事皆會改變。當他們凝視天空時，會觀察到星星的光亮與顏色一直在改變；當他們一邊休息、一邊覺察時，會覺得自己的呼吸變慢且變深了；當他們以正念傾聽時，會聽見聲音出現，然後消失；當他們靜心時，會看著思緒與情緒來了又去。

利用以上觀察心得，我們可與孩子討論萬物皆會改變，而且一直在變化的觀念。當孩子接納這個觀點後，凡事皆會改變的主題會變成一股安慰的力量，當他們覺得人生充滿不公平時，這樣的想法也格外令他們安心。

明天，一切就會不同，不論孩子現在正經歷什麼樣的難關，情況總有一天會改變。

PART 5

# 連結力

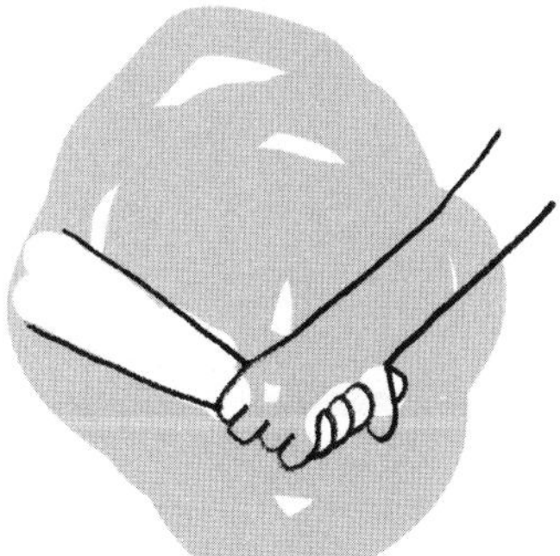

某個晴朗的秋日，獅子在整理花園時，在地上發現一隻折斷翅膀的小鳥，還有一群鳥兒在天空盤旋。當獅子為小鳥包紮受傷的翅膀時，這對罕見的夥伴看著天空的鳥群朝南飛去，小鳥被同伴拋下了。小鳥在獅子的小屋裡度過了冬天，他們每天一起看書、吃東西，過得很開心。春天來臨時，小鳥的同伴回來了。她告訴獅子她必須離開，而獅子說：「我知道。」當我們翻到故事書的下一頁，看到一個令人心碎的畫面，也是書中出現的第一個正念洞察。書頁上畫了一隻獨自走回家的獅子，下方印了一行文字：「人生有時就是如此。」

獅子回歸整理花園與看書的日子，重新習慣了獨自一人的生活。秋天來臨時，獅子又驚又喜的發現，他的小鳥朋友回來了。然後他們一起舒適的度過另一個冬天。

杜布（Marianne Dubuc）創作的《獅子與鳥》（*The Lion and the Bird*）是個化慈悲為行動的出色例子。慈悲是一種說不如做的特質，而且必須禁得起行動（而非思維）的考驗。本書前四部介紹的遊戲大多是內省練習，其目的是幫助孩子覺知自己內心與周遭發生的事，藉此培養智慧與慈悲心。接下來一系列遊戲的目標，要幫助孩子將好的特質融入行動與人際關係中。

慈悲並非單向直行的路徑，而是個動態路徑，還可帶來滿滿收穫，即使有時需要為此做出一些犧牲。當孩子能感覺慈悲是什麼，就相對比較容易發揮慈悲心。但真正的考驗在於，當孩子沒有感受到慈悲時，他們能否依然慈悲待人。

我為本書挑選的主題都富含意義，但假如只能選一個主題傳給後世，那就是：放下對成就的追求，聚焦於努力過程的善意，而非事情的結果，然後順其自然發展。

# 第十二章

# 追求真實，而非表象

我女兒已離家獨立生活，家裡仍不時收到她的個人信件；有一天，我把信放到女兒房裡，無意中瞥見一句拉丁箴言「esse quam videri」。這句箴言是女兒幾年前寫在一張黃綠色的便利貼上，並貼在書架一角。我拿起字典查了一下，字典寫著「追求真實，而非表象」。

後來，我傳了一則訊息給女兒，問她對於某個敏感議題的意見。她回傳給我：「你做你（You do You）。」這寥寥數語對她有特殊意義，但我看不懂，於是上網搜尋流行俚語解釋：「按你平常的方法行事，不多做、也不少做。」就和其他無數古典文學學生與饒舌樂粉絲一樣，我女兒不僅了解同理、同頻與慈悲是什麼，而且付諸實踐。

同理、同頻與慈悲三個普遍性的主題，是構成富含智慧與慈悲世界觀的重要基石，雖然彼此常被替換使用，但其實各自有獨特意涵。同理是從旁觀者的觀點了解事情的樣貌與感受；同頻指的是被他人看見與了解的感受；理解他人的觀點、了解他人的感受，並以智慧和善意回應，就是慈悲。

這三個主題區別甚微，但在現實生活的人際關係裡，細分區別是有意義的。舉例來說，孩子可能同理別人（了解另一個人的想法與感受），但假如他們不與對方連結，同頻（對方不覺得被看見與了解）或慈悲（孩子沒有以智慧與善意回應對方）就不存在。孩子可能與某個人的痛苦深刻連結，以致於也和對方一起痛苦（他們同理，而且與對方的體驗同頻），然而假若他們完全被捲入他人的感受當中，以致於無法客觀的看見發生的事並加以回應，就無法以慈悲回應對方。女兒回覆我時，她讓我知道她看見並了解我要處理的難題（她同理了），我覺得被看見與理解了（我們之間同頻了），而她出於慈悲鼓勵我做自己。

了解與分擔另一個人的感受，是同頻與慈悲的先決條件；因此，同理心是通往同頻與慈悲的入口。貝利在《有意識的訓練》解釋道，孩子同理他人的能力在童年早期就會出現，並一直發展到青少年階段。在六歲之前，孩子看得出朋友心情不好，但他們表達安慰與同情心的方式，可能對朋友不太有幫助，因為他幾乎完全從自己的觀點看世界。在六歲到九歲之間，孩子同理朋友與家人的能力變得比較有交互性，即使範圍仍顯狹隘，但已能聚焦於令他們有共鳴的特定情況。到了前青春期，孩子開始能推斷與同理不同時代、地點與文化的人。

## 父母不需完美，只要夠好

當年紀較大的孩子與青少年以開放的心，與另一個人的內在世界同頻，而對方也覺得被看見與理解了，此時孩子就展現了人際同頻。然而，「同頻」一詞大多被用來指父母對孩子的回應，而非孩子對父母或朋友的回應。它也常與「依附」一詞同時出現，用來描述親子間的情感關係。依附且同頻的關係會產生深刻且持久的情感聯繫，超越時空的限制，連結孩子與父母的心。孩子對父母或照顧者的牢固依附，可以給孩子基本的心理安全感，有了安全感為後盾，孩子就能自信踏入核心家庭之外的世界冒險。

孩子長大成人後如何看世界，以及如何自處，受許多因素影響，包括遺傳、性情與智商。孩子會長成什麼樣的大人，主要取決於早期人生經驗，父母可能會因此覺得責任重大，即使他們在理性層面明白，完美的父母並不存在，最理想的父母充其量也只能算是做得還行而已。

年幼的孩子若能對父母的小失職做出適當回應，例如當父母發脾氣、遲到或忘了事情時，能夠坦然接受現實，他們就能變得更堅強與自動自發。小兒科醫師與兒童心理分析師溫尼考特（D. W. Winnicott）提出了「夠好的母親」一詞。他解釋說，夠好的母親「一開始幾乎完全配合寶寶需求，但隨著孩子成長，她會因應孩子愈來愈有能力適應她的失職，逐漸降低配合孩子的程度。母親不再配合孩子的每個需求，有助於孩子適應外面的世界」。

即使是最愛孩子且最講理的父母，也無法時時刻刻百分百與孩子同頻。所幸，父母不需要變得完美，只要夠好就好。犯錯不只沒關係，而且在預期之中；重要的是，父母要與孩子好好討論這些錯誤，以彌補他們犯的錯。

愛普斯坦（Mark Epstein）醫師創作多本關於靜心與心理分析的著作，他在《日常生活中的心理創傷》（*The Trauma of Everyday Life*）提到了夠好的教養與夠好的靜心之間的關聯：「採取穩定的靜心坐姿，就像與孩子保持同頻的父母所展現的穩定性，能夠激發心智固有的潛能，假如父母以夠好的方式適當的放任，心智潛能就會自然發展。」愛普斯坦所指的靜心坐姿，是「內在同頻」的例子（相對於「人際同頻」）。就像聚焦式與廣泛式注意力的關係一樣，將內在同頻與人際同頻視為不同的兩件事，也是一種誤解，雖然這種區分有助於理解觀念。如同聚焦式注意力被包含在廣泛式注意力之內，內在同頻也被包含在人際同頻之內；當父母的心與孩子同在，不僅能與孩子的內在體驗同頻，也與自己的內在體驗同頻。人際與內在同頻隨時隨地都在發生，不論在家庭關係之內或之外，皆是如此。籃球隊員進行比賽時，他們不僅與隊友彼此同頻，也與自己同頻，演員在喜劇小品中即興演出也是如此。

向年幼的孩子解釋，正念就是「帶著善意注意到我、別人和這個世界」，可讓孩子練習分辨自己與他人的區別，即使孩子的心理發展仍在自我中心（egocentric）階段。

接下來兩個遊戲，同樣有助於年幼的孩子以符合發展程度的方式，分辨自己與他人的區別。

## 覺察自己與別人的關係——「待在你的泡泡裡」練習

想像有個大泡泡把自己包起來，待在裡頭，用這種方式覺察身體與別人和其他東西之間的關係。

**生活能力：**聚焦力、關懷力、連結力

**適合年齡：**年幼的孩子

**練習步驟：**

1.（表達重點：你可以告訴我泡泡長什麼樣子嗎？）
2. 在周圍做一個想像出來的泡泡。用食指在你身體四周畫一個想像的圓圈。然後，把手掌向外沿著圓圈上下左右移動，好像在探索泡泡的邊緣一樣。最後，假裝在裝飾你的泡泡，並向孩子說明如何裝飾泡泡。
3.（表達重點：做一個你自己的泡泡。可以讓我知道泡泡在哪裡嗎？長什麼樣子？用你的手掌假裝測試孩子的泡泡邊緣在哪裡。）
4. 接下來玩其他正念遊戲時，提醒孩子要檢查自己的泡泡。

**小提示：**

1. 為幫助年幼的孩子發展自制力，請他們試著把手掌盡量向你的手掌靠近，但不能互相碰觸到。接著請他們試著把肩膀盡量向你的肩膀靠近，但不能互相碰觸到，然後是手肘。提醒孩子動作要小心，不要把自己的（或你的）泡泡弄破了。

下一個遊戲「傳遞杯子」，就和「氣球手臂」、「時鐘滴答搖擺」、「拉拉鍊」與「待在你的泡泡裡」一樣，用好玩的方式讓年幼的孩子培養專注力，同時練習覺知自己的身體如何在空間中移動。

「傳遞杯子」遊戲一方面鼓勵團隊合作與協調，一方面透過孩子覺察自己與別人的關係（手臂、腿、手掌、手肘），與物品的關係（桌子、椅子、裝水的杯子），以及動作的特點（快、慢、流暢、斷斷續續），來培養年幼孩子對身體的覺知。準備一個不會打破的杯子，把水裝到離杯緣約二・五公分的位置。

## 發展團隊關係與身體覺知──「傳遞杯子」練習

發揮團隊精神，注意周遭發生了什麼事。與孩子一同傳遞裝了水的杯子，而且不要把水灑出來。先睜開眼睛玩一次，然後再閉上眼睛玩一次。

**生活能力：**聚焦力、關懷力、連結力

**適合年齡：**年幼的孩子

**練習步驟：**

1. 把杯子傳給別人，而且不能把水灑出來。要注意哪些地方，才不會把水灑出來？看著杯子和別人、感覺手的動作、慢慢移動手臂。
2. 準備好就開始。讓孩子兩人一組，協助他們安靜的把水杯傳給對面的人，來回練習兩、三次，或是圍成一個圓圈進行。
3. 請孩子試試看，能不能閉著眼睛傳遞杯子。假如不能說話或看不見，要注意哪些事情？像是衣服摩擦發出的聲音、感覺坐在隔壁的人有什麼動作、杯子在手中的感覺。協助孩子閉著眼睛安靜傳遞水杯。

**小提示：**

1. 如果對象是非常年幼的孩子，先用鎖好瓶蓋的水瓶練習。練習幾次後，再改成傳遞無蓋的水杯。
2. 杯子裡的水要夠多，讓不把水灑出來具有一定難度，但也不能太多，以致於無法順利完成遊戲。
3. 若是團體活動，就讓孩子圍坐成一個圓圈。第一回合結束後，就換個方向傳遞杯子。

接下來一系列遊戲中，孩子會應用從內省式遊戲學到的生活能力與主題，與朋友和家人溝通。

## 練習直視別人，與人交流——「說哈囉」練習

輪流向彼此說「哈囉」，並留意對方眼睛的顏色，以此幫助聚焦，並練習直視別人的眼睛。

**生活能力：**聚焦力、關懷力、連結力

**適合年齡：**所有年齡

**練習步驟：**

1. 告訴孩子，看著別人的眼睛時，有時會產生強烈的感覺，可能會害羞、不好意思、興奮或快樂，而且每次感覺不一定相同。
2. 帶領者先對孩子說「哈囉」，然後告訴孩子，你的眼珠是什麼顏色，然後換孩子對帶領者說。帶領者示範：「哈囉，莎拉。你的眼珠看起來是咖啡色的。」
3. 換孩子試試看。
4. 問孩子有什麼感覺？

5. 再試一次。

**小提示：**

1. 利用晚餐時間玩遊戲，「哈囉，艾美。你的眼珠看起來是淺褐色的。」或是早上一見面時練習，「早安……」
2. 此處刻意用「你的眼珠看起來」而不是「你的眼珠是」的說法，可讓孩子練習單純觀察，不試著加以分析或驟下結論。實際上，孩子對眼珠顏色常看法分歧，這種說法也可避免類似問題發生。
3. 如果年幼的孩子一開始覺得害羞，而用手把眼睛遮起來，不要感到意外，尤其當他們與不熟悉的新朋友或大人玩這個遊戲時。一發生上述情況，就描述你看到的景象：「哈囉，亞力克斯。你的眼睛被你的手遮住了！」

「說哈囉」練習有無數種變化型，幫助孩子覺知自己內心與周遭發生的事，同時讓較大的孩子覺得遊戲更有趣。例如，說哈囉之後，請孩子接著向彼此送出祝福，或是說出想感謝的人或事，就變成表達善意或感恩練習。當孩子提出問題，並不帶個人意圖傾聽朋友的回答，就是練習保持開放的心與同頻。下列是變化類型的參考：

- 說出一樣你現在看到、聽到、嘗到、聞到或摸到的東西。
- 你想祝福自己嗎？還是祝福朋友或地球？
- 你現在正想著過去、現在、還是未來？
- 你的肢體語言正在向遊戲夥伴傳達你的想法與感受嗎？
- 看一下你夥伴的肢體語言，猜猜他現在有什麼想法與感受。
- 假如能選擇一個感官超能力，你想擁有哪一種超能力？你會如何使用這種超能力幫助世界？

當孩子或父母的觀點被既有的預測或偏見蒙蔽，就難以帶著覺知傾聽。下一個練習則提供幾個大原則，有助於較大的孩子、青少年與家長溝通時，不致於偏離正軌。

## 帶著覺知，而非偏見來溝通──「反思自己」練習

運用以下原則，幫助孩子從有益與慈悲的角度說話與傾聽。

**生活能力：**聚焦力、關懷力、連結力

**適合年齡：**年紀較大的孩子、青少年

**練習原則：**

1. 要記得，說話時的非語言線索（語氣、手勢、情緒強度、表情）、音量與肢體語言，可能會傳送出原本無意傳達的訊息。
2. 以不帶個人意圖的態度，傾聽別人說話。
3. 一邊說話，一邊留意自己的偏見與內在反應，並盡量不要一直想起。
4. 提醒自己，在心裡預演想說的話；說完話後，會一直回想自己說過的話，是人之常情，但要試著不這麼做，並盡量待在當下。
5. 提醒自己，對話中出現的靜默也有意義。
6. 提醒自己，當你想猜測別人的體驗是什麼，或是拿自己的體驗與別人的體驗

做比較時，不如直接問對方。

7. 與人對話時，若發現自己陷入個人思緒，或在無意中按照自己的個人意圖引導對話，不要苛責自己。要記得，當意識到自己分了神或對話已經離題，就是正念覺知，也是重啓對話的良機。

**小提示：**

1. 「不帶評斷的覺知」是正念訓練的重要主題之一，但這主題有時會遭到孩子與成人誤解。在強調關懷力與連結力的人際關係遊戲中（如本遊戲），我們請孩子與家長試著不做評斷，以開放的心傾聽，並且不貿然下結論。然而，這並非建議他們練習正念時完全不做判斷。透過強調聚焦力的遊戲，孩子明白自己需要透過判斷，才能明智的選擇當下應該把注意力放在何處。透過強調洞察力的遊戲，孩子明白自己需要判斷力，才能夠帶著智慧與慈悲處世。

即使充滿善意，孩子也可能因為不假思索脫口而出的話，傷了朋友的心，幾乎每個人都犯過這種錯，並在事後懊悔不已。下一個練習的幾個問題，可以防止說錯話的情況發生，同時也是我教導孩子明辨力的範例。

以下問題，是我向位於加州聖塔莫尼卡的十字路文理學校（Crossroads School for Arts & Sciences）小學部退休校長馬丁（Joanie Martin）學來的。我的孩子就讀這所小學時，馬丁把這三個問題貼在學校入門大廳，提醒孩子帶著尊重和彼此對話。

### 帶著善意對話──「三個問題」練習

問自己三個問題，檢查自己想說的話是否有益且良善：這是真話嗎？有必要說嗎？這是好話嗎？

**生活能力：**審視力、關懷力、連結力

**適合年齡：**所有年齡

**練習步驟：**

1.（表達重點：我們有時會在無意中傷害別人。該怎麼知道自己想說的話是否尊重別人？假如不小心傷了別人的心，該怎麼辦？）
2. 開口之前，先問自己三個問題，是避免傷害別人的好方法：這是真話嗎？有必要說嗎？這是好話嗎（告訴孩子你想說什麼話，然後請孩子一起問你這三個問題，幫助你判斷這些話是否良善且尊重別人）？
3.（表達重點：什麼時候應該問自己這三個問題？你是否曾在開口說話前有種預感，覺得你想說的話可能不太尊重對方？與孩子分享你的個人經驗，也請孩子分享他們的經驗。）
4. 下次當你有預感時，先問自己這三個問題，然後告訴我情況如何。

**小提示：**

1. 請年紀較大的孩子問自己第四個問題：時機恰當嗎？
2. 提醒孩子不需要每次說話前都問，只有當自己覺得想說的話可能無益時，才問這三個問題。

3. 利用「三個問題」與孩子討論什麼是有益的話，並輔以「這樣做對我有幫助嗎？」練習，與孩子討論什麼是有益的行動。
4. 你可以利用「說哈囉」、「反思自己」與「三道問題」這類人際關係正念遊戲之後的討論時間，請孩童與青少年比較一下，以溫暖體貼的方式說話與行動之後的感覺，以及以氣沖沖或傷人的方式說話與行動之後的感覺，兩者有什麼差別。透過討論，以及玩過「溫暖祝福」、「檸檬咬一口」與「我的心，我的身體」這類遊戲之後，孩子會明白身體與心理的緊密連結。

孩子閱讀波第斯的繪本《不是箱子》（*Not a Box*）時，可以趁機反思同理心與慈悲心兩個主題。

帶領練習之前，先向孩子解釋繪本的設計架構：一個身分不明的人在棕色頁面提出問題，一隻小兔子接著在紅色頁面回答問題。

## 你和我想的不一樣——「這才不是箱子」練習

與孩子一起讀繪本《不是箱子》，仔細留意書裡的文字和圖片，以便了解故事裡的人物在想什麼，以及他們的感受。

**生活能力：**審視力、關懷力、連結力

**適合年齡：**年幼的孩子、較大的孩子

**練習步驟：**

1. 先讀第一頁的棕色頁面，有一個人問小兔子，為什麼坐在一個箱子裡。
2. 問孩子：「你覺得是誰在問問題？」傾聽孩子的回答，然後翻到紅色頁面，並朗讀上面的文字：「這不是箱子。」
3. 問孩子：「那是什麼？你覺得小兔子有什麼感覺？你覺得問問題的人心裡有什麼感覺？」傾聽孩子的回答，然後繼續朗讀棕色頁面的問題，以及小兔子的回答（原來在小兔子的想像世界中，自己坐在一台跑車裡）。每讀一頁，就問孩子類似問題：「這個箱子是什麼？小兔子有什麼感覺？小兔子想要的

是什麼？問問題的人想怎麼樣？問問題的人心裡有什麼感覺？」當你讀到「這才不是、不是、不是、不是箱子」時，暫停一下。

4. 問孩子：「小兔子有什麼感覺？他想要什麼？問問題的人又想要什麼？他們兩個有什麼感覺？」傾聽孩子的想法，再翻到棕色頁面，朗讀大人的反應，「那麼，這到底是什麼？」

5. 問孩子：「這是什麼？」傾聽孩子的回答，再翻到下一頁，畫面沒有文字，只畫了小兔子坐在箱子上沉思。

6. 小兔子在做什麼？聽完孩子的回答後，翻到最後一頁，結束故事。

7. （表達重點：你可以說出自己對事情的看法與別人不同的經驗嗎？你可以說出被別人誤解的經驗嗎？你可以分享過程中被誤解但最後真相大白的經驗嗎？）

與孩子討論，站在別人立場的感覺如何，用「我真想知道」做為開頭，是開啟對話婉轉而有效的好方法。例如，你可以問孩子：「我真想知道你朋友現在的感覺」，或是問青少年：「我真想知道能不能用其他角度看待這件事」。

別忘了考慮孩子的心理發展階段，因為學齡前與低年級孩子仍以自我為中心，若能以年幼孩子的親身經驗出發，來說明為何要關懷別人，效果最好，正如金句所言：「你希望別人怎麼對待你，你就怎麼對待別人。」

即使孩子的心理發展已足以用有益的方式感覺與表達同理心，但若他們正經歷強烈的情緒波動，也難以施展同理心。

強烈而痛苦的情緒，通常是由孩子認為他們想要的東西所引發，雖然孩子往往不知道自己想要什麼（成人也常遇到這種問題）。例如，較大的孩子與青少年可能希望得到朋友特定的待遇（例如，跟他同一組，一起完成作業），其實他們真正想要的，是朋友把自己當成好友，然後透過一起完成作業加深感情。當孩子沒有得到（他們認為）自己想要的東西時，往往花愈多時間反芻強烈的負面情緒，視野就縮得愈小，也愈難以從他人的觀點看事情。然後，孩子不希望發生的事情，就愈有可能發生。

透過強調靜心力、聚焦力、洞察力、審視力、關懷力與連結力的遊戲，孩子學會覺察上述情況發生，然後轉換觀點，從別人的視角看事情。透過寬廣的視角，他們會逐漸明白所有人都是互相依賴的，而且世上的一切皆會改變。

在洞察力單元，已帶領孩子反思互相依賴與凡事皆會改變的主題，這會提醒較大的孩子與青少年一個事實：現在發生的一切，是無數因素造成的結果。有些因素是可知的，有些則不可知。因此，孩子可以深入探究、以開放的心態思考自己學到的一切，但仍然無法擁有足夠資訊，看見與了解他人的處境或觀點。曼艾（Istvan Banyai）的無文字繪本《小鏡頭外的大世界》（*Zoom*）向我們展現，假如孩子只看見全貌的一小部分，往往很容易對某件事或某個人產生誤解。

## 不貿然下定論——「友善又有耐心的觀察者」練習

透過繪本《小鏡頭外的大世界》裡的圖畫明白，當一個人沒有足夠的資訊，很容易貿然做出錯誤的結論。

**生活能力：**審視力、關懷力、連結力

**適合年齡：**所有年齡

**練習步驟：**

1. 與孩子翻開這本沒有文字，只有圖畫的書。
2. 第一頁出現一個鋸齒狀線條，一邊是紅色的，上面有許多橘色圓點。紅色區塊的另一邊也有一些圓點。
3. 問孩子：「你覺得這些鋸齒圖形是什麼？你覺得周圍的圓點是什麼？」傾聽孩子的回答。
4. 問孩子：「你確定嗎？」翻到下一頁，畫面上有一隻公雞，周圍有許多圓點。
5. 問孩子：「這看起來像一隻公雞。但外面的圓點仍然存在，你覺得那是什麼？」傾聽孩子的回答。
6. 問孩子：「你確定嗎？」翻到下一頁，畫面呈現的是一隻公雞站在某個東西上，有兩個孩子正從窗戶看著這隻公雞。
7. 問孩子：「這兩個孩子是在屋裡還是屋外？那隻公雞呢？在屋裡還是屋外？圖片裡仍然有圓點，你覺得那是什麼？」傾聽孩子的回答。
8. 問孩子：「你確定嗎？」繼續按照這個模式翻頁並問問題，直到你們發現，公雞、孩子與農場都只是玩具。畫面裡的圓點此時莫名的消失了。

9. 問孩子：「那些圓點到底是什麼？發生什麼事了？」傾聽孩子的回答。
10. 問孩子：「你確定嗎？」繼續按照這個模式翻頁並問問題，直到最後一頁。
11. （表達重點：說一個你或某個人在沒有充足資訊的情況下，貿然做出結論的經驗。你的結論是正確的嗎？為什麼正確或不正確呢？）

孩子與家長看見、聽見與所想的事物，會受生活經驗所限，要看清全貌也因此變得更加困難。父母會投射自己的希望、恐懼、偏見與價值觀到孩子的經驗上，而孩子也會投射自己的希望、恐懼、偏見與價值觀到父母的經驗上。這種互相關聯、永遠在改變的感知與投射網絡，意味沒有人能完全知道或感覺另一個人的體驗。但假如父母與孩子帶著開放的心，試著從對方觀點看事情，就離同頻的境界不遠了。這種對於開放的心、互相依賴、凡事皆會改變，以及清晰透澈等主題的實際理解，可使人學會接納，而這又是另一個形成富含智慧與慈悲的世界觀的重要主題。

我們不知道、也無法掌控導致他人行為的種種原因，這道理相對容易被人接受。

一般人比較難以接受的是，我們不知道、也無法掌控導致自己行為的種種因素。孩子也是如此。世上總是有一些看似完美的父母，看起來就是比我們稱職。在外人看來，他們似乎能為孩子準備完美的午餐盒、規劃完美的生日派對，以及為全家人安排完美的文化冒險之旅。而接納之心給我們適度的心理空間，後退一步，放下對完美父母先入為主的看法，並以開放的心看見事情的全貌。如果能懷抱接納之心，就會發現，每個人能做的有限，包括那些看似完美的父母，也包括我們在內。

對每一個父母來說，接納自己並不完美，並明白沒有人是完美的，可能一時之間不是那麼容易了然於心，也沒那麼容易辦到。然而，比起勉強自己和別人一樣，安於做自己，才是更好的榜樣。以此觀點提醒，往往比較容易接納現在的自己。我女兒多年前貼在書架一角的便利貼箴言：「追求真實，而非表象。」或許正可做為夠好的父母參考。

# 第十三章

# 真正的自由

一隻有智慧的老蜂鳥騎著腳踏車，遇到一隻小蜂鳥。小蜂鳥躺在地上，雙腳朝天。老蜂鳥問她：「你把腳舉起來做什麼？」

小蜂鳥回答說：「我聽說天就要塌下來了。」

老蜂鳥搔搔腦袋，「你覺得一隻小鳥的兩條細腿，可以讓天不會塌下來嗎？」

「我需要有人幫忙。」小鳥說。有智慧的老蜂鳥聳聳肩，躺在她旁邊，舉起兩隻腳，腳底朝天。他們一邊說笑話、一邊哈哈大笑，一隻體型龐大且心情不好的大象打斷他們，說他們只是在浪費時間。兩隻蜂鳥不以為意。

另一隻蜂鳥出現，並加入了他們的行列。然後第四隻也出現了，接著是第五隻、第六隻。很快的，地上就出現一長排蜂鳥躺在地上，舉起細細的腿，腳底朝天。他們不停大笑、唱歌、說故事。

天黑時，那頭大象又回來了，「你們看，什麼事也沒發生。你們全都在浪費時間。」但第一隻蜂鳥卻有不同看法，「成功了。」她大聲歡呼，同時跳起來，拍掉身上的灰塵，「恭喜大家。」

他們的目標達成了，蜂鳥團隊宣告今天的任務達成，然後三三兩兩飛回家，準備吃晚餐、睡覺，相約明天再來拯救全世界。

## 幫助別人，也是幫助自己

有智慧的老蜂鳥認為他在幫小蜂鳥拯救世界嗎？還是他只是出於善意而決定與小蜂鳥作伴？除了老蜂鳥之外，其他人難以得知他真正的動機是什麼，但是善意確實可以同時促進施與受雙方的健康與幸福。

加州大學河濱分校教授柳波莫斯基（Sonja Lyubomirsky）在《這一生的幸福計畫》（*The How of Happiness*）解釋道，善意可以將行善者與他人連結起來，使行善者在接受者身上看見他從前沒發現的正向特質。善行會啟發他人見賢思齊，而行善者也會因為自己的利他與慷慨行為，覺得自我形象提升了。

無私的善行不一定要隱姓埋名或偉大崇高，最有意義的善行通常只是為人解決小問題的舉手之勞，例如為陌生人的汽車接電，或是幫其他旅客把沉重的大袋子放進飛機座位上方的置物櫃。

數百年來，禪修者都會默默在心中祝福別人。下一個遊戲將古老的善行轉變成適齡的動態練習。

### 透過善行與他人連結——「祝福全世界」練習

假裝製作一個大球，裡面裝滿了我們對全世界的祝福。一起把球丟到空中，想像祝福藉此傳送給世界上每個人。

**生活能力：**聚焦力、關懷力、連結力

**適合年齡：**年幼的孩子、年紀較大的孩子

**練習步驟：**

1.（表達重點：想像是什麼意思？什麼是祝福？）
2. 想像一個會飄浮的大球，裝滿我們的祝福，送給全世界。
3. 對孩子說：「假裝一起托著這個球。把手伸出來，幫我托著這個球，就像這樣。」
4. 這個球長什麼樣子？什麼顏色？會閃閃發光嗎？上面有圓點或條紋嗎？請孩子閉上眼睛，想像球的樣子。
5. 輪流把祝福放進這個球裡。問孩子：「有誰想祝福全世界？」幫助孩子說出他們的祝福，用動作模擬把祝福放進球裡的樣子。告訴孩子，每放一個祝福進去，球就會變大、變重一些。
6. 從一數到三，然後一起把球丟到空中，「一，二，三。向球揮手說再見，想像球把我們的祝福傳送給世界上的每個人。」

不論你的孩子與家人是否正在為了某個目標而努力、對某個衝突做出反應，或是從事其他的利他行為，透過正念靜心練習學到的主題與生活能力，可提供適切的行為架構，讓他們在任何情況下，都能帶著智慧與慈悲行事：

- 檢視你的內在動機。
- 深入探究。
- 以開放的心看見全貌。
- 選擇如何反應之後，讓一切順其自然。
- 稍後反思發生了什麼事，並處理憤怒或受傷的情緒。

## 檢視你的內在動機

透過探索互相依賴主題的遊戲與練習，孩子會發現自己所做的每個決定，都是由無數因素所導致，而且大多不在自己的掌控之中。然而「動機」這個因素是孩子可以掌控的。就和本章一開始提到的蜂鳥，《胡蘿蔔種子》的小男孩，《小火車做到了》的藍色火車頭，以及《獅子與鳥》的獅子一樣，孩子能夠把善意看得比結果更重要。

把善意視為優先，不代表要孩子把別人的需求放在自己的需求之前，而是當他們做決定、說話與行動時，要同時考慮到別人與自己。把善意視為優先，也不代表孩子完全不重視結果。結果很重要，但認清事實也很重要，正因如此，才能接受有些事不在自己的掌控之中這一事實。

就像人類的近親黑猩猩與巴諾布猿一樣，孩子天生擁有求生的能力，而人際衝突在所難免。即使最無私的善意，有時也會遭到誤解，使心懷好意的孩子因此受傷。在遊戲場或中學的學生餐廳裡，善良的孩子往往是被霸凌的對象，尤其當他們被霸凌者認定為沒有能力或不願意捍衛自己時。

富含智慧與慈悲的世界觀所涵蓋的主題，可以幫助孩子界定什麼是最重要的事，並在朋友的行為越界時立刻覺察。孩子在培養靜心力、聚焦力、洞察力、審視力、關懷力與連結力的過程中，同時學會為重要的事挺身而出，以及為自己挺身而出。

## 深入探究

要孩子有技巧的對複雜情勢做出反應，首先要反思自己的角色為何，以及細想牽涉其中的每個人的角色，再思考在此情況下的背景脈絡扮演什麼角色。

「五個為什麼」是我向靜心導師與作家麥克勞德（Ken McLeod）學來的，本練習能提供較大的孩子與青少年參考的架構，幫助他們檢視每個人所扮演的角色。可以兩人一組（其中一人問問題，另一個人回答），或是團體一起練習（所有人寫下自己的答案）。若是團體練習，要先為每個孩子準備紙筆。

## 自問自答，理清頭緒——「五個為什麼」練習

問五次「為什麼」，幫助自己了解問題，探究解決問題的可能方法。

**生活能力：**審視力、關懷力、連結力

**適合年齡：**年紀較大的孩子、青少年

**練習步驟：**

1. 請孩子想一個曾經遇過的複雜情況。
2. 請孩子回答，在這個情況中的角色為何？以一、兩個句子簡短回答。等孩子

把答案寫下來（或是告訴他們的夥伴）。

3. 把答案變成一個「為什麼」問題。例如，假如你的答案是「我的角色是解決問題」，那麼就問「為什麼我要負責解決問題？」然後簡短回答。引導孩子持續以「為什麼」自問自答，只要覺得問題對他們有幫助，就一直問下去，但提問不能少於五次。

4. 改變提示，改問其他人的角色是什麼，最後再問這個情況的背景脈絡扮演了什麼角色。看似要問很多問題，但這些問答其實進行得很快。

## 以開放的心看見全貌

當孩子界定了每個人扮演的角色，就能聚焦於所有人的共同點，而非相異點。

## 當孩子與人意見不合——「三個共同點」練習

當與人意見不合，或與他人之間有所誤解，或是某個人總是惹火我們，先確認自己的種種感覺，然後想三個自己和這個人之間的共同點。

**生活能力：**審視力、關懷力、連結力

**適合年齡：**所有年齡

**練習步驟：**

1. 請孩子想一想，過去曾與他意見不合，或是惹他生氣的某個人。
2. 問孩子：「你現在對他有什麼感覺？你覺得他對你有什麼感覺？」
3. 對孩子說：「我相信你們之間一定有些共同之處。請很快的說出三個共同點。」

**小提示：**

1. 提醒孩子，我們最愛的人，有可能也是最讓我們覺得很煩的人。對於覺得手

足很煩的孩子來說，這個觀點可能會扭轉對手足的看法。

2. 進行本遊戲時，可搭配「祝福不喜歡的人」一起練習。請記住，這兩個遊戲的目標是幫助孩子拓展視野，而不是改變他們對自己不喜歡的某個人的看法。

利用「五個為什麼」、「三個共同點」與「這才不是箱子」與孩子輕鬆展開對話，探討互相依賴與凡事皆會改變等主題。從這兩個觀點看別人的行為，可以提醒較大的孩子，不論是好事、壞事、不好不壞的事，這些事都不是完全針對他們，而且情況一定會改變。

在「球場波浪舞」與「傳送能量脈衝」練習中，孩子會直接體驗互相依賴的感覺。

## 所有人都互相依賴──「球場波浪舞」練習

透過團隊合作協調彼此的動作，創造出波浪的樣子。

**生活能力：**聚焦力、洞察力、連結力

**適合年齡：**所有年齡

**練習步驟：**

1. 問孩子：「有人能說明什麼是球場波浪舞嗎（一群人輪流站起來或舉起手臂，創造類似浪花在海面上前進的效果）？」幫助孩子排成一排，或圍成一個圓圈，告訴他們浪花朝哪個方向前進，然後挑一個孩子開始做動作。
2. 向孩子示範：蹲下來，兩隻手碰到地面。然後告訴孩子，當第一個人的手舉到空中時，第二個人就要開始做動作，以此類推。
3. 當帶領者說「開始」時，就讓浪花開始移動。
4. 加快速度。
5. 換個方向。

6. 放慢速度。

孩子在「球場波浪舞」中需要協調彼此動作，才能達成共同目標，藉此練習團隊合作。「傳送能量脈衝」也是如此，孩子圍成一圈，輪流握緊旁邊夥伴的手，傳送能量脈衝。開始遊戲之前，讓孩子圍坐成一圈，兩隻手握住兩邊夥伴的手。然後挑一個孩子開始做動作。

## 所有人都互相影響——「傳送能量脈衝」練習

透過團隊合作協調彼此的動作，沿著圓圈傳送能量脈衝。

**生活能力：**聚焦力、關懷力、連結力

**適合年齡：**所有年齡

**練習步驟：**

1. 當帶領者說「開始」時，請孩子輕輕緊握一下左邊夥伴的手。
2. 當孩子覺得右手被人緊握一下時，就代表要用左手緊握一下左邊夥伴的手，把脈衝傳給下一個人。
3. 加快速度。
4. 換個方向。
5. 放慢速度。

## 選擇如何反應之後，讓一切順其自然

衝突發生後，決定衝突朝哪個方向發展的，是做出反應的人，而非開啟衝突的人。較大的孩子若想確定自己是否從智慧與慈悲出發，對衝突做出反應，就要反思內在的動機，以開放的心檢討自己，深入探究，然後根據自己擁有的資訊做出最好的反應。

每個決定都是由不斷變化的原因與條件形成的無限廣大網絡所導致，但沒有人能獲知隱含在網絡中的所有因素。因此，孩子不論做哪個決定，都有點像是盲目嘗試。但孩子不必因此灰心。不過，若因此覺得無所適從，你可以借用達賴喇嘛在《超越生命的幸福之道》提出的忠告，提醒孩子：「重要的是承認（不論我們多麼努力，都無法看見事情的全貌），但我們不該因此擔憂……而該以適當的謙遜與謹慎，調整自己的行動。」

有時，有智慧與慈悲的反應是不介入，而有時則是採取行動。當最高明的反應是什麼事也不做時，我會鼓勵孩子讓一切順其自然發生，並提醒他們，若我們讓情況自然發展，誤解通常會自動解開。孩子透過正念靜心練習探索的主題，可以幫助他們在遭到誤解時，明辨自己究竟該試著澄清事實，還是靜觀其變。假若有智慧與慈悲的反應是澄清事實，孩子就必須為自己的信念挺身而出。

靜心力、聚焦力、洞察力、審視力、關懷力與連結力等生活能力，可以賦予孩子如日本茶道大師般的內在靜定力量，為信念挺身而出，就像以下古老故事中的這位茶師一般。

一位上級武士非常敬佩他的茶師擁有的平靜專注力，於是授予他武士的盔甲與身分。有一天，這位茶師遇見另一位來訪的武士，武士打量了茶師一番，然後問他為何穿著盔甲。茶師解釋了緣由，但那位武士不買帳，「你穿著武士的盔甲，就必須和武士一樣戰鬥。」他向茶師下戰帖，要求在次日早晨一決生死。

茶師下定決心捍衛自己的名譽，以及賜予他盔甲的上級武士的名譽。他去找一位劍術大師，一邊顫抖、一邊請求對方教他劍術。劍術大師答應教他，但要求茶師先表演人生的最後一次茶道。為茶道儀式做準備時，茶師平靜的把全副精神放在精緻的茶杯、茶壺與茶葉上，他心中的恐懼也消失了。劍術大師在喝茶時提出了忠告：「以茶道精神面對，就足以與對方決戰。」

於是，茶師以準備茶道儀式的平靜專注力為決鬥做準備，他的恐懼再度消失了。

茶師拔出他的劍，高高舉起。他的對手向他敬禮，承認茶師是個貨真價實的武士。

## 反思發生了什麼事，並處理憤怒或受傷的情緒

茶師順其自然，誤解自動真相大白，故事以快樂的結局收場。只可惜，世事並非

總是如此。

即使孩子沒有做錯任何事，也可能受到傷害，就如蘇斯博士的正念洞察：「我很遺憾得這麼說／可嘆啊，但這是事實／你可能會受傷／也可能會吃閉門羹。」面對痛苦，重要的是要孩子學會承認痛苦的存在，並放下痛苦。

在下一個遊戲中，孩子用想像的方式，把自己受過的傷與遭受的挫折，放進粉紅色泡泡裡，目送泡泡飛走，藉此放下誤解、憤怒與其他痛苦的感覺。孩子向自己的憤怒與創傷道別，並祝福它，是這個遊戲最有效果的部分。

### 放下並祝福所受的苦——「粉紅色泡泡」練習

用想像的方式，把令我們失望的事或一直困擾自己的感覺，放進一個粉紅色泡泡裡。看著泡泡飛走時，向泡泡道別，並予以祝福。

**生活能力：**聚焦力、靜心力、關懷力

**適合年齡：**所有年齡

**練習步驟：**

1. 坐著，背挺直，身體放鬆，雙手輕鬆放膝上。閉上眼睛，一起做幾次呼吸。
2. 想一件令你失望的事、或一直困擾你的某個感覺，並放進一個想像中的粉紅色泡泡裡。
3. 想像這個輕飄飄的粉紅色泡泡隨風飄走，令你困擾的事也跟著飛走了。
4. 揮手道別，並予以祝福。
5. （表達重點：困擾你的是哪一類的事？把令你困擾的事放下，是什麼感覺？祝福令你困擾的事，是什麼感覺？還有其他想放下並祝福的事嗎？）

當孩子覺得氣憤或難過時，腦袋可能會被心事占據，使視野縮小，以致於難以從別人的觀點看事情。此時，孩子可以後退一步，從更廣闊的主題脈絡看事情，打開狹隘的思維視野。

當孩子的腦袋騰出空間，就能以開放的心，思索發生在周遭的事，並猜想傷害自己的人是否也覺得受了傷。畢竟，每個人都想擁有快樂、平和與安全感，不論是對方或自己。以上反思有助於孩子擁有對他人的同理心與慈悲心，以及對自己的自我寬容。孩子也可以清楚看見，不論發生什麼事，一切都會不斷演變、互相依賴，而且是無數原因與條件（因果）所導致的結果。

透過平衡的觀點，孩子就比較能夠接受壞事會發生在每個人身上的事實，同時明白好事也會發生。感恩的良性循環於是產生：孩子愈感恩，就變得愈快樂，當他們愈快樂，就愈覺得感恩。

下一個練習鼓勵孩子後退一步，從更開闊的思維看待自己面臨的挑戰。孩子來回滾動一顆小球，同時說出令自己困擾的事，以及快樂的事。可以兩人一組，或是所有人圍坐成一個圓圈練習。

## 痛苦與快樂互依互存——「雖然如此，我仍覺得幸運」練習

來回滾動一顆球，說出令自己困擾的事，接著說出快樂的事。

**生活能力：**洞察力、審視力

**適合年齡：**所有年齡

**練習步驟：**

1. 當球滾向孩子時，請孩子先說一件困擾的事，然後一邊把球滾出去，一邊說出這件事的一個優點。
2. 假設第一個孩子先說：「我今晚不能去看比賽，必須在家讀書。」接著把球滾向另一個孩子，同時說，「雖然如此，我仍然覺得很幸運，因為我在其他時候能去看比賽。」
3. 現在換另一個孩子說，然後把球向外滾動。例如，「我妹妹今天一直來煩我。雖然如此，我仍然覺得有一個妹妹實在很幸運。」遊戲持續進行時，引導孩子加快速度。

當孩子受傷、挫折、誤解與難過時，形成富含智慧與慈悲世界觀的主題，會鼓勵孩子向內在深處挖掘，並記起自己的動機。

竹慶本樂仁波切（Dzogchen Ponlop Rinpoche）在《叛逆的佛陀》（*Rebel Buddha*）說道：「當我們想幫助的人，反過來攻擊我們時，還能保有原來的利他動機嗎？當我們感到脆弱，並可能遭受他人評斷時，要回歸先發制人的本性，先做出攻擊嗎？決定一切的，並不是大規模的對抗，而是日常生活中遇到的平凡小事，這些小事會測試我們是否有勇氣與意願，無所畏懼的敞開自己的心……我們有時會成功，有時會失敗，但只要不斷回顧初衷，就抓住了超覺練習的精髓。」數百年來，這種超覺練習一直被視為通往自由的途徑。

而自由一點也不招搖醒目。大多時候，自由看起來就像獅子、老蜂鳥、藍色小火車，以及種下胡蘿蔔種子的小男孩般，展現出平實與堅定。

華勒斯在向凱尼恩學院畢業班學生演講時，提到了小魚的故事（曾在本書的第二單元出現），還告訴畢業生：「世上有各式各樣的自由，但最珍貴的自由，不會在外面那個高談勝利、成就與誇耀的世界聽到。真正重要的自由需要專注力、覺知、自律與努力，以無數微不足道與不起眼的方式，真正關心他人，並為他人犧牲，一次又一次，日復一日。」

要走上以正念靜心通往自由的道路，需要華勒斯演講中點出的專注力、覺知、自律、努力與犧牲，以及在本書探討的其他主題。我不認為這條路的重點在於勝利、成就與誇耀，有時候我也難免筋疲力竭，但這同時也是一條令人振奮的路。

正念靜心讓我看見，在每一次呼吸、每一個步伐與每一個時刻，都有神祕的事物與喜悅等著我們去發現，這帶給我某種程度的心理自由，那是我原本以為不可能得到的自由。對此，我永遠心存感激。

# 結語＆問答集

你可能覺得本書涵蓋太多資訊，對於正念靜心的新手來說更是如此。因此，最後我只想給幾個簡短提醒，以及我對於常見問題的回答。但在此之前，我想先提供你一個建議，當你與孩子和家人分享正念靜心練習時，請記得故事擁有的強大力量，尤其在難以用言語表達正念的觀念時。

可以先從家裡有的故事書開始，或是本書提到的繪本，這些故事包含了本書想傳達的普世主題。當你逐漸熟悉書中主題，就會開始在日常生活遇到的各種挑戰中，以及生命中難以理解的神祕事物裡，看見這些主題。所有挑戰與神祕難解之事將化為養分，在你到超市購物、接孩子放學，以及為已經累壞了又難搞的孩子排解手足誤會的過程中，幫助你創造自己的故事，並加深對正念的領悟。

從家庭生活經驗中得到的啟發尤其效果強大，因為你的個人故事既直接又真實，別人無法複製。最棒的是，你會從每一天的故事中，得到無數啟發。

**帶領正念遊戲的小提醒：**

- 找一個安靜、不受打擾，可以舒服坐著或躺下的地方。
- 帶領遊戲前，先預習每個步驟。
- 用你平常說話的聲音與用語帶領遊戲。
- 有些孩子會太努力想專心，以致於全身肌肉緊繃。有些孩子則是太放鬆，以致於彎腰駝背或睡著了。所以你偶爾要提醒孩子背挺直，身體放鬆。
- 提醒孩子，自己感受到的感覺沒有對錯之分。
- 有時孩子不喜歡閉上眼睛，即使有些遊戲比較適合閉上眼睛進行。不要勉強孩子，但可以提醒他們，你的眼睛會睜開，看著整個房間，這多少有點幫助。
- 孩子對遊戲會有不同反應。此外，對某些孩子來說自然且簡單的遊戲，對其他孩子來說可能很困難。如果孩子感到不自在，不需勉強孩子玩。只要換成另一個主題相關的遊戲就好。

● 本書所有遊戲都以正念為基礎，適用於各個年齡層的人。當你發現，年紀較大的孩子與青少年被為年幼孩子設計的遊戲吸引，或是年幼的孩子玩為較大孩子設計的遊戲時很起勁，不要感到意外。

## 問答集一：關於正念靜心

**Q 你對正念有一個言簡意賅的定義嗎？**

A 正念最廣為人知的簡潔定義來自卡巴金的正念減壓方法：不帶評斷，有意識的覺察當下。

**Q 如何讓孩子不帶評斷的覺察自己的念頭與感覺？**

A 當孩子留意自己的感覺時，我們希望他們用和善的語氣對自己說話，像是：「現在要我安靜坐著真的好難，但沒關係。每個人偶爾都會有這種感覺。我可以坐在這裡，感覺我的身體與體內所有的能量。我的呼吸很快、心跳也很快。我可以做個呼吸，傾聽四周的聲音，覺察我的感覺，而且覺得這樣也不錯。」

**Q 正念與靜心之間的差別是什麼？**

A「正念」一詞在梵語和巴利語這兩個古老語言中的意思是「記起」，記起注意力關注的對象。「靜心」一詞在靈修傳統中有多種不同定義，但在藏文中，靜心的意思是「熟悉」，也就是熟悉我們的心智活動。分辨這兩者的簡潔方法是：我們利用靜心這種方法，直接運用並熟悉自己的心智；正念指的是，知道當下的心思何在，以及心智的狀態。

**Q 正念可以幫助孩子平靜下來嗎？**

A 我們希望孩子覺察自己當下的感覺，而不是改變原本的感覺。當我們採取這種態度，正念通常可以幫助孩子感到比較平靜與放鬆，但並非一定如此。

**Q「感覺呼吸」與「覺察呼吸」有什麼不同？**

A 鼓勵孩子感覺呼吸（而不是覺察），可以將正念遊戲導向感官體驗，離開思考。

## 問答集二：如何展開正念遊戲

**Q 該從何開始？**

A 你可以先從自己喜歡且覺得有幫助，而且覺得孩子也會喜歡的正念練習開始。如果你對正念傾聽比較有感覺，可以先帶孩子玩正念傾聽遊戲，像是「漸弱音」、「我聽到什麼聲音？」。

**Q 時間很有限怎麼辦？**

A 把有限的時間先用在你自己的正念靜心練習。先進行短暫而頻繁的覺知練習，像是「暫停一下，感覺呼吸」和「為念頭貼標籤」。溫柔的看待自己的人生體驗，目的在於了解，而非評斷或改變。像這樣短暫而頻繁的覺知時刻，可以在短期內讓行為與思維產生顯著轉變。這些轉變可使帶領正念遊戲變得比較容易，也更容易了解交織在遊戲裡的主題與生活能力。

**Q 對正念靜心只有粗淺涉獵，該如何開始？**

A 孩子有神奇的能力，可以立刻分辨真假。但如果你把自己真有感覺的東西教給孩子，就不會有問題。例如，假如「暫停一下，感覺呼吸」，可以幫助你讓思緒與感覺平靜下來，就與孩子分享。假如把注意力轉移到當下的感官體驗，能幫助你減輕擔憂與焦慮，就與孩子分享。

## 問答集三：如何帶領正念遊戲

**Q 什麼樣的時間長度與次數才算足夠？**

A 孩子不需要長時間練習正念，就能從中獲得益處，只需要養成習慣就好。經常把短暫的覺知練習融入日常生活中，不要忘了重複練習也很重要。

**Q 孩子應該每天靜心嗎？**

A 孩子如果能每天坐著正式練習靜心是很好的事。你可以鼓勵孩子試試看，但絕對不要勉強他們。

**Q 我該如何幫助孩子將正念融入日常生活中？**

A 經常打斷孩子的慣性行為，體驗短暫的覺知時刻。例如，當孩子開門時，請孩子留意門把握在手裡的感覺是什麼，或是讓孩子用慢動作穿襪子。當孩子撞到別人或東西時，不要大吼「你在看哪裡」！而是請孩子「暫停一下，感覺自己的呼吸」或是「像樹懶一樣慢」。

**Q 我該如何讓孩子開口討論正念靜心？**

A 在正念遊戲結束時，花一點時間讓孩子說出自己的體驗與感覺，這對孩子是有益的。經驗法則是，在遊戲結束後與孩子開口之間，你用最少的話語引導孩子說出他們的感覺。

**Q 什麼是「表達重點」？**

A 遊戲步驟中的「表達重點」是用來展開對話，與孩子討論你們透過遊戲想探索的主題與生活能力是什麼，以及對孩子的日常生活能產生什麼幫助。你不一定要使用遊戲步驟的表達重點，也可以用你自己的方式與孩子展開討論。

## 問答集四：如何克服練習障礙？

**Q 我該如何讓孩子接受正念練習？**

A 讓年幼的孩子帶領動態的正念遊戲，例如「拉拉鍊」、「好慢、好慢，像樹懶一樣」與「氣球手臂」。帶領遊戲除了有助於孩子接受正念練習，也有助於孩子建立自信心。此外，假如他們與其他的孩子一起玩，帶領遊戲可以讓孩子練習在一群人面前說話。

鼓勵年紀較大的孩子與青少年利用「感覺我的腳」、「正念等待」與「一次吃一口」，體驗短暫而頻繁的覺知時刻。

**Q 如果孩子覺得受挫，或是正念對他們「沒效」，我該對他們說什麼？**

A 對孩子說你自己練習正念靜心時遇到的挑戰（每個人都會遇到），通常會有幫助。請挑一些比較基本的小問題，而不要說一些比較嚴重的大問題。這一點很重要，因為我們不想在無意中讓孩子以為我們希望他們來照顧我們，而不是我們來照顧他們。

**Q 孩子調皮搗蛋時該怎麼辦？**

A 當孩子難以控制自己的身體或聲音時，請他們暫時休息一下，直到他們能以尊重他人的方式說話與行動。提醒他們，當他們準備好的時候，隨時可以回來玩遊戲。有些遊戲與活動（尤其是需要專注力的活動）有可能會使孩子感到受挫。另外，孩子每隔一段時間也需要休息一下。

**Q 當孩子在不恰當的時機或地點提出敏感話題，該怎麼辦？**

A 讓孩子知道你聽到他的問題了，然後轉換語氣與話題。但一定要在事後私下與這個孩子討論他提出的問題。

# 誌謝

我想對哈莉斯致上最深的謝意，她為本書的貢獻，遠超出編修遊戲該做的事。哈莉斯與我想感謝我們的經紀人瑞納特（Amy Rennert），謝謝她對出書計畫的守護。感謝達爾、斯莫利、哈里斯（Sam Harris）、麥當尼爾（Anna McDonnell）與我先生賽斯（Seth Greenland）對本書初稿的指教。感謝葛林伯格、葛斯汀、舒亞・達斯、古德曼、吉米安（Carolyn Gimian）、波意斯（Barry Boyce）、希克曼（Steve Hickman）、布利坦（Mark Brittan）與帕克斯（Tandy Parks）回答我的問題與提供想法。還有溫斯頓（Diana Winston）、馬丁・馬辛格（Martin Matzinger）與蜜拉・馬辛格（Mira Matzinger），謝謝他們願意分享蜜拉的遊戲。由於這些好同事與好朋友充滿智慧與洞察的貢獻，使本書變得更加豐富與充實。謝謝托特拉將動態活動融入一些遊戲中，尤其是為幼兒設計的遊戲。感謝法蘭科（Beth Frankl）與出版團隊，幫助我考慮到本書可能觸及的所有讀者，也謝謝你們的耐心與鼓勵。

本書是超過八百頁手稿的內容精華，那是我在過去十年來訓練家長、老師與臨床醫師如何與孩童和家長分享世俗正念的過程中，逐漸累積的心血結晶。在這整個過程中給予我支持的人不計其數，無法一一列舉，但我想特別提到下列幾個人：

康菲爾德、薩爾茲堡、舒亞．達斯、華勒士、麥當諾、古德曼與溫斯頓——這幾位傑出的靜心導師，大方的同意擔任內在小孩專業訓練計畫的顧問。我很榮幸能得到他們的支持，並滿懷感謝。

感謝內在小孩訓練計畫的優秀老師——賴博拉（Daniela Lara）、瑞德曼（Ryan Redman）、列芬（Daniel Rechtshaffen）與帕克斯，謝謝你們的友情、幽默感與練習的決心。感謝李曼特（Michelle Limantour）、席佛（Nick Seaver）、漢森（Lisa Henson）、斯莫利、史坦佛（Charlie Stanford）、休威爾（Shelly Sowell）、曼利克茲（Jenny Manriguez）、沃許（Deb Walsh）、史威特（Mary Sweet）與貝克（Melissa Baker），謝謝你們在內在小孩計畫成型階段的協助。所有曾經參加內在小孩訓練的學員，以及把這些訓練經過消化變成自己的東西，並加以推廣的人，我真心感謝你們與孩童、青少年和家長分享正念練習。

最後，我要表達對所有老師的謝意，謝謝你們的溫暖關懷與指導，尤其要感謝措尼仁波切與詠給明就仁波切兩兄弟，你們的教誨帶給我無法言喻、但極具意義的啟發。

# 附錄：遊戲附圖

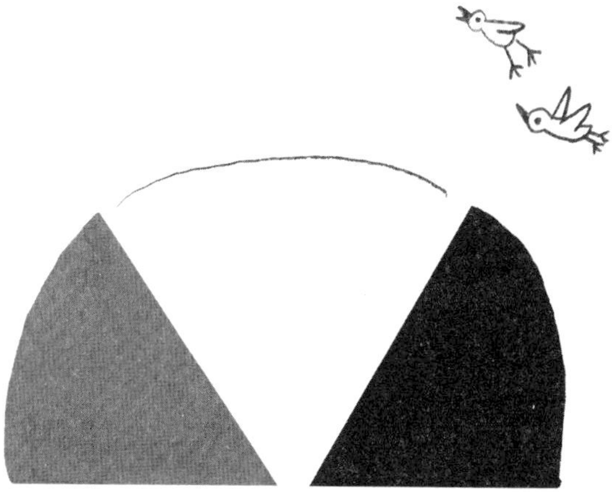

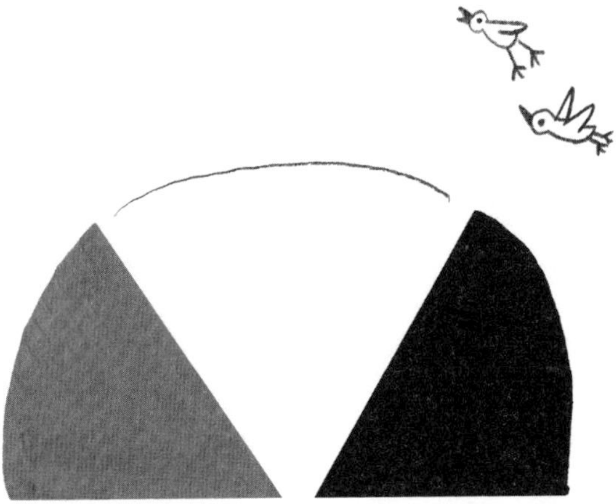

# 主題表

下列主題表中，我在每個敘述句加入「我提醒自己」，以納入正念的「記起」意涵。比起告訴孩子以一定的方式說話與行事，不如提醒孩子接納、感恩或注意力等主題，更符合正念靜心的精神。

- **接納**

我提醒自己，我無法知道或掌控導致當下情況的每個原因或條件。不過，我可以掌控我的動機，而且我會盡力帶著智慧與慈悲說話與行事。

- **心懷感恩**

當我記得對我的人際關係、健康、美好的經驗、擁有的東西，以及大自然心懷感恩，我提醒自己，感恩是快樂的因與果。

- **廣泛式注意力**

我提醒自己，我能夠不對我內心與周遭發生的事做出不假思索的反應，並以開放的心探究。

- **聚焦式注意力**

我提醒自己，我能夠決定把注意力放在何處，並且一直停留在那裡。

- **同頻**

我提醒自己，我要觀察、感覺、解讀別人的言行，並做出反應，使我能看見並了解他們，而他們也覺得被看見與了解。

- **因果關係**

我提醒自己，我的言行會影響其他人與地球，其他人的言行也會影響地球和我。

- **保持思緒清澈**

為了清楚看見發生在我的內心與周遭的事，我提醒自己要後退一步，以開放的心看見事情的全貌，不貿然下結論。

- **慈悲心**

我提醒自己，我有能力從他人觀點了解事物的樣貌與它帶給人感受，並帶著智慧與善意回應他人。

- **有智慧的自信心**

我提醒自己，我能忍受不愉快的情況與感覺，我也能在任何情況下保有清楚的頭腦與溫暖的心。

- **明辨力**

對複雜的情況做出反應或判斷之前，我提醒自己要先反思：發生的事與我可能做出的反應，對其他人、地球或我自己是否有益。

- **同理心**

我提醒自己，不論身處什麼情況，都能後退一步，從他人觀點看事情，並想像別人有什麼感覺。

- **凡事皆會改變**

我提醒自己，世上的一切會來也會走，一切都會改變。

● **互相依賴**

我提醒自己，當下發生的事是無數互相依賴的因素導致的結果。有些因素是可知的，有些是不可知的，有些則完全不在我的掌控中。

● **喜悅**

我提醒自己，獲得喜悅與快樂的條件一直在我身邊，而且會自然發生，我任何時候都能獲得喜悅與快樂。

● **心懷善意**

我提醒自己，要多聚焦於努力過程的善意，而非事情的結果。

● **動機**

我提醒自己，在說話或行動之前先三思，確定我是以智慧與慈悲為出發點。

● **開放的心**

我提醒自己，即使看似不同的事物也有共同點，每件事都有多個面向。

● **耐心**

我提醒自己，我的努力與他人的努力，通常需要一段時間才能看見結果。

- **當下此刻**

我提醒自己，我能夠不離開當下，並觀察、傾聽並專注投入現在發生的事。

- **行為約束力**

我提醒自己，即使覺得有壓力、過度亢奮或難過，我仍然能保持平靜，也能約束自己不做出不假思索的反應，三思而後行。

- **情緒約束力**

我提醒自己，我可以忍受強烈情緒的出現，也能約束自己不對自己的思緒、感覺與感官覺知做出不假思索的反應。

- **自我寬容**

我提醒自己要從智慧與良善的觀點，檢視我的想法、感覺、言語與行為，同時以智慧與善意回應自己的想法與感覺。

# 遊戲索引

## 第四部 關懷力

### 第十章 這樣做對我有幫助嗎？



### 第十一章 廣泛式注意力



## 第五部 連結力

### 第十二章 追求真實，而非表象



### 第十三章 真正的自由

國家圖書館出版品預行編目(CIP)資料

孩子的簡單正念：60個靜心練習,陪孩子專注應對高壓世界 / 葛凌蘭(Susan Kaiser Greenland)作；廖建容譯. -- 第一版. -- 臺北市：遠見天下文化, 2018.02
面； 公分. -- (教育教養；BEP035)
譯自：Mindful games : sharing mindfulness and meditation with children, teens, and families
ISBN 978-986-479-366-2(平裝)

1.親職教育 2.超覺靜坐

528.2 106024247

教育教養 BEP035A

# 孩子的簡單正念

## 60 個靜心練習，陪孩子專注應對高壓世界

Mindful Games

Sharing Mindfulness and Meditation with Children, Teens, and Families

作者 — 葛凌蘭（Susan Kaiser Greenland）
譯者 — 廖建容

總編輯 — 吳佩穎
責任編輯 — 陳孟君
封面設計暨插畫 — 三人制創

出版者 — 遠見天下文化出版股份有限公司
創辦人 — 高希均、王力行
遠見・天下文化 事業群榮譽董事長 — 高希均
遠見・天下文化 事業群董事長 — 王力行
天下文化社長 — 林天來
國際事務開發部兼版權中心總監 — 潘欣
法律顧問 — 理律法律事務所陳長文律師
著作權顧問 — 魏啟翔律師
社址 — 台北市 104 松江路 93 巷 1 號 2 樓
讀者服務專線 —（02）2662-0012
傳　真 —（02）2662-0007；2662-0009
電子信箱 — cwpc@cwgv.com.tw
直接郵撥帳號 — 1326703-6 號　遠見天下文化出版股份有限公司

電腦排版 — 立全電腦印前排版有限公司
製版廠 — 東豪印刷事業有限公司
印刷廠 — 祥峰印刷事業有限公司
裝訂廠 — 聿成裝訂股份有限公司
登記證 — 局版台業字第 2517 號
總經銷 — 大和書報圖書股份有限公司　電話／(02)8990-2588
出版日期 — 2018 年 2 月 1 日第一版第 1 次印行
2024 年 1 月 16 日第二版第 2 次印行



定價 — 400 元
EAN — 4713510943533
英文 ISBN — 978-1611803693
書號 — BEP035A
天下文化官網 — bookzone.cwgv.com.tw

天下文化
BELIEVE IN READING